Bergwandern MIT KINDERN im Tiroler Unterland

mit Rofan, Kaisergebirge, Kitzbühler und Zillertaler Alpen und Tuxer Voralpen

Rudolf und Siegrun Weiss

Tyrolia-Verlag · Innsbruck-Wien

Inhalt

Vorwort

Wir haben uns bemüht, im Tiroler Unterland interessante Überschreitungen und Rundwanderungen aufzuspüren. Forststraßen wurden möglichst vermieden, hohe Ausgangspunkte bevorzugt. Um die Auswahl zu vergrößern, wurden den „Hauptwanderungen“ Varianten angefügt. Dadurch ergeben sich nicht weniger als 118 Vorschläge und die Bergwanderungen können besser auf unterschiedliche Altersstufen abgestimmt werden.

Benützer unseres Buches bitten wir, die Einführung aufmerksam zu lesen, um Missverständnisse zu vermeiden. Im Interesse der Sicherheit ist zu beachten, dass (mit Ausnahme der ausdrücklich als „leicht“ bezeichneten Vorschläge) Bergwanderungen beschrieben werden und nicht Spaziergänge auf breiten Wegen.

Die Einführung hilft auch, die Bergwanderung der alpinen Erfahrung der Eltern und dem Alter des Kindes anzupassen. Sie finden entsprechende Zusammenstellungen:

- Bergwanderungen nach der Schwierigkeit – Seite 7
- Bergwanderungen nach der Altersempfehlung – Seite 9.

Auf den Wanderungen sorgten wir nicht nur für die Sicherheit unserer jungen Bergkameraden. Sie waren auch unsere Gesprächspartner. Wir haben einander besser kennen gelernt als im Alltag. Begeisterung und Lebenslust unserer kleinen Begleiter wirkten geradezu ansteckend. Dafür bedanken wir uns bei Enkelkindern und „Gastkindern“: Alexander, Claudia, Clemens, Elisabeth, Florian, Julie, Laura, Ramona und Sebastian. Freude auf Wanderungen mit Kindern wünschen wir auch unseren Lesern – und eine gute Heimkehr nach erlebnisreichen Tagen!

Innsbruck, im November 2002

Rudolf und Siegrun Weiss

Einführung

Wie schwierig sind die Wege?

Die Tiroler Landesregierung vergibt ein „Bergwege-Gütesiegel". Eine wichtige Bedingung für die Verleihung des Siegels ist die Markierung der Bergwege nach ihrer Schwierigkeit.

● (früher: ●) = leicht. „Wanderwege": gut markiert, breit, nur mäßig steil, nicht ausgesetzt. Auch für Ungeübte geeignet.

● = mittelschwer. „Bergwege": Gut markiert, meist schmal, häufig steil, teilweise ausgesetzt. Kurze Wegabschnitte mit Seilversicherungen und/oder Geländern. Geeignet für einigermaßen trittsichere und gut ausgerüstete Bergwanderer. Bergerfahrung, zumindest aber Aufmerksamkeit und Vorsicht sind erforderlich.

● = schwierig. „Alpine Bergwanderwege": Ausreichend markiert, schmal, teilweise steil und ausgesetzt. Versicherte Kletterstellen (= Gebrauch der Hände erforderlich, gewissermaßen „Mini-Klettersteige"). Geeignet für trittsichere und schwindelfreie Bergwanderer mit entsprechender Erfahrung und Ausrüstung. Zu diesen Bergwegen zählen auch Klettersteige („Eisenwege"): mit Leitern, Klammern, Stiften und Drahtseilen gesicherte Steiganlagen, oft sehr ausgesetzt. Wegen der Absturzgefahr nur mit entsprechender Ausrüstung (Helm, Brust-Sitzgürtel) und Sicherung. Kinder nur mit Eltern mit Klettererfahrung!

Die Schwierigkeitseinstufung steht auf den Wegtafeln (entsprechender Farbpunkt vor dem Wanderziel). Sie entspricht der schwierigsten Stelle eines Weges. Schneefelder im Frühsommer, Neuschnee im Herbst, Vermurungen nach einem Unwetter können die Schwierigkeiten erhöhen.

Schneefelder im Frühsommer:
Abrutschgefahr. Kinder bei Bedarf sichern!

Sebastian auf seinem „Hochsitz".

Eintragungen ins Gipfelbuch nehmen die Kinder natürlich selbst vor.

Schwierigkeit der Bergwanderungen (118 Vorschläge)

● = **leicht** (20 Bergwanderungen mit Tourennummern)
4a, 6a, 7c, 8a, 9, 10b, 11b, 14b, 17b, 18b, 20c, 21d, 23b, 24b, 27a, 28e, 30b, 33, 33a, 34c.

● = **mittelschwer** (82 Bergwanderungen)
1, 1a, 1b, 1c, 1d, 2a, 2b, 3, 3a, 3b, 4, 4b, 5, 5a, 7, 7a, 7b, 8, 9a, 10a, 11, 11a, 12a, 12b, 13a, 14, 14a, 14c, 15, 15b, 16, 16a, 17, 17a, 17c, 18, 18a, 18c, 19, 19a, 20, 20a, 20b, 21, 21a, 21b, 21c, 22, 22a, 22b, 23, 23a, 24a, 25, 25a, 25b, 25c, 26, 26a, 26b, 27, 27b, 28c, 28d, 29, 29a, 29b, 30a, 31, 31a, 31b, 32, 32a, 32b, 32c, 34, 34a, 34b, 34d, 35, 35a, 35b

● = **schwierig** (16 Bergwanderungen)
2, 6, 8b, 12, 13, 13b, 15a, 23c, 24, 28, 28a, 28b, 30, 30c.
„Richtige“ Klettersteige: 10, 14d.

Welche Ziele sind für Kinder geeignet?

Eine allgemeine Empfehlung „für Kinder geeignet“ ist sinnlos. „Kindheit“ nennen wir die Altersspanne vom 2. bis zum 12. Lebensjahr. Was für einen Vierjährigen angemessen ist, wird einen Zwölfjährigen langweilen; was der Zwölfjährige schätzt, würde den Vierjährigen überfordern. Auch eine genauere Altersangabe reicht nicht aus. Wichtig ist, dass ein Kind der Länge und Schwierigkeit der Wanderung gewachsen ist. Das hängt nicht nur vom Alter ab, sondern auch von der individuellen Geschicklichkeit, Ausdauer und Verlässlichkeit.

Kinder sind erstaunlich leistungsfähig, wenn es sie freut. Für die Motivation ist die Auswahl der Bergwanderung, aber auch das pädagogische Geschick der Eltern wichtig. Wenn die Eltern in munterem Geplauder vorausgehen und das Kind in gehörigem Abstand hinterhertrottet, braucht man sich nicht wundern, wenn das Ziel nicht erreicht wird. Was die Schwierigkeiten betrifft: Die Meinung, Forststraßen seien für Wanderungen mit Kindern geeignet, weil leicht und ungefährlich, ist ein gewaltiger Irrtum. Kinder wollen in jedem Alter „klettern", d. h. sie suchen geradezu ein gewisses Maß an alpiner Schwierigkeit. „Klettern" beginnt allerdings für Kleinkinder auf oder neben leichten Wanderwegen ●, Schulkinder finden auf mittelschweren Bergwegen ● ein reiches Betätigungsfeld. Die schwierigen ● Wanderungen in unserem Buch sind für sportliche Kinder eine besonders große Freude, stellen aber hohe Anforderungen an die Eltern, die ihre Kinder bei Bedarf entsprechend sichern müssen.

Sorge für die Sicherheit unserer Kinder?

• Eltern müssen der Schwierigkeit der gewählten Bergwanderung vorbehaltlos gewachsen sein.
• Die Altersempfehlungen gelten für gesunde, normalgewichtige, bewegungs- und gehfreudige Kinder.
• Bei Abrutsch- oder gar Absturzgefahr müssen Kinder nach Bedarf gesichert werden.

Blau gekennzeichnete Wanderungen ● erfordern in der Regel **keine Sicherung**. Das Kind muss aber im Auge behalten werden. Kinder sind oft unkonzentriert, leicht ablenkbar. Stürzt der kleine Hans-Guck-in-die-Luft, kann das schlimme Folgen haben.

Rot gekennzeichnete Bergwanderungen ● erfordern oft eine **Sicherung für Kleinkinder**, mitunter auch **für ungeübte Schulkinder**. Die Entscheidung darüber müssen die Eltern treffen. Das Kind zur Sicherung an der Hand zu führen, ist nur für kurze Stellen ratsam. Besser ist es, Kleinkinder mit einer Reepschnur (5 m lang, 8 mm Durchmesser) in Verbindung mit einem Brustgürtel zu sichern. Die Reepschnur wird mit einem gesteckten Sackstich in den Brustgürtel eingebunden, am anderen Ende knüpft man sich einen Sackstich als Handschlaufe. Ein Sackstich ist in der Umgangssprache ein ganz gewöhnlicher „Knopf", den „gesteckten" Sackstich zeigt einem der Verkäufer in der Bergsportabteilung. Knoten gut zuziehen; freies Ende etwa 8 cm lang (= zehnfacher Seildurchmesser); von Zeit zu Zeit kontrollieren. Bei schwereren Kindern ist ein Brustgürtel auch für den sichernden Erwachsenen zweckmäßig (= beide Hände frei).

Richtiges Anseilen/Sichern ist bei einigen schwierigen ● Bergwanderungen, vor allem aber auf Klettersteigen erforderlich, bei ungeübten und/oder übergewichtigen Kindern stellenweise auch bei mittelschweren ●. Bei Absturzgefahr muss ein Brust-Sitzgurt verwendet werden. Auf Klettersteigen werden Kinder gesichert wie beim „richtigen" Klettern. Die bei Erwachsenen übliche Klettersteigsicherung ist in der Regel nicht ratsam.
Eltern ohne entsprechende alpine Erfahrung müssen auf schwierige Bergwanderungen oder Klettersteige verzichten und eine leichte oder mittelschwere Wanderung aus den insgesamt 118 Vorschlägen wählen.

Welche Wanderung für welches Alter?

Unsere Angaben sind nur Hinweise. Entscheiden müssen die Eltern. Sie können Geschicklichkeit, Leistungsfähigkeit und Verlässlichkeit ihrer Kinder meist gut einschätzen. Notfalls: umkehren!

Kraxonkinder:
Entscheidend sind Leistungsfähigkeit und alpine Erfahrung des Trägers/der Trägerin. Wichtig: Viele „Laufpausen", in denen sich das Kind selbst bewegen kann.

Kinder ab 4 Jahren (27 Vorschläge):
1b, 1c, 4a, 6a, 7c, 8a, 9, 10b, 13b, 14a, 14b, 16a, 17b, 18b, 20c, 23a, 23b, 26a, 27a, 28c, 28e, 30b, 31a, 32a, 33, 34c, 35a

Kinder ab 6 Jahren (28 Vorschläge):
2a, 3, 4, 5, 5a, 8, 11b, 13a, 14, 16, 17c, 19, 19a, 20b, 21d, 22b, 23, 24a, 24b, 25a, 26, 27, 28d, 29b, 30a, 31, 32, 34a

Kinder ab 8 Jahren (31 Vorschläge):
1a, 2, 3a, 4b, 6, 7, 7b, 9a, 10a, 11a, 12, 12b, 13, 14c, 15, 15a, 17a, 18, 18c, 21, 22, 25, 26b, 27b, 28b, 29a, 30, 31b, 32b, 34b, 35

Kinder ab 10 Jahren (32 Vorschläge):
1, 1d, 2b, 3b, 7a, 8b, 10, 11, 12a, 14d, 15b, 17, 18a, 20, 20a, 21a, 21b, 21c, 22a, 23c, 24, 25b, 25c, 28, 28a, 29, 30c, 32c, 33a, 34, 34d, 35b

Welche Ausrüstung brauchen wir?

Für leichte Wanderungen reichen Sportschuhe aus. Für mittelschwere und schwierige Wanderungen verwenden wir festes Schuhwerk mit griffiger Sohle, z. B. gute Trekkingschuhe. Anorak und Überhose gehören als Regen-, Wind- und Kälteschutz in den Rucksack, ebenso Tourenproviant, ausreichend Flüssigkeit, eine Erste-Hilfe-Box und ein Biwaksack. Bereits auf mittelschweren Wegen zumindest eine Reepschnur mitnehmen!

Gehzeiten auf Bergwanderungen

Die Zeitangaben sind ohne Rasten oder sonstige Aufenthalte (z. B. Spielpausen) zu verstehen. Sie sind Richtwerte, gelten für Erwachsene und werden selbstverständlich in Begleitung von jüngeren Kindern weit überschritten. Grundregel: Viel Zeit lassen!

Im Notfall …

Wie verständigen wir die Bergrettung? Wirkungsvoller als der „Alpine Notruf“ (6 optische oder akustische Zeichen in der Minute) ist zumeist ein Notruf über das Handy: 140 = Bergrettung, 112 = Euro-Notruf.

Hochiss, 2299 m

Spannende Rundwanderung in einer zauberhaften Gebirgswelt

Kindereignung: Ab 10 Jahren
Gehzeit: ↑ 2 + ↓ 2¼ = 4¼ Std.
Höhenunterschied: 650 m
Talort: Maurach, 950 m
Auskünfte: Tourismusverband A-6212 Maurach, Tel. +43/5243/5340, Fax 5297
E-Mail: info@achensee.tirol.at
Landkarte: KOMPASS-WK Nr. 027 „Achensee“ (1:35000)
Ausgangspunkt: Bergstation der „Rofanbahn“ (1831 m)
Anfahrt: Von der Ausfahrt Achensee der Inntal-Autobahn auf breiter und gepflegter Bergstraße nach Maurach und zur Seilbahn. Große Parkplätze. Bushaltestelle. Mit der Kabinenbahn zur Bergstation (1831 m).

Das Rofan ist eine kleine reizvolle Bergwelt. Durch den hohen Ausgangspunkt ist die Wanderung von Beginn an spannend und wird auch Kinder begeistern, zumal es von herrlichen Spielplätzen wimmelt. Kinder nach Bedarf sichern (▸ S. 8).

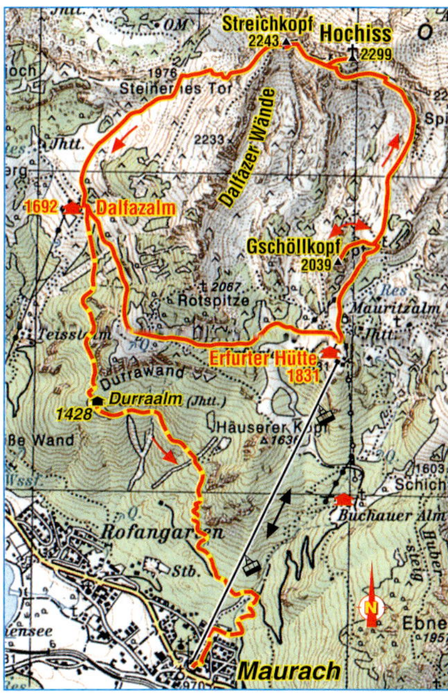

Aufstieg

An der Erfurter Hütte des DAV vorbei zu einem „Tafelbaum“. Dem Hinweisschild „Hochiss“ folgen. Unterhalb des Gschöllkopfes quert man zu einer Hochebene

Das Ziel, der Hochiss (links im Hintergrund), ist bereits am Beginn des Anstiegs sichtbar. Vor uns liegt der Gschöllkopf.

und weiter zu einer vom Spieljoch herabziehenden steilen Flanke. Unterhalb des Gipfelaufbaues zum Gratrücken und von Westen zum Gipfelkreuz.

Abstieg

Kurz auf dem Anstiegsweg, dann nach rechts zur „Schlüsselstelle“, einer seilversicherten Rinne. Unser Weg führt unterhalb des Streichkopfs vorbei, durch ein Schotterkar (häufig Gämsen), dann über Almwiesen zur Dalfazalm (1692 m, Jausenstation) in schöner Lage hoch über dem Achensee. Zurück zur Bergstation (Querung, Gegenanstieg).

Varianten

- a) Rückkehr auf dem Anstiegswege. 2 + 1½ = 3½ Std. Ab 8 Jahren.
- b) Gschöllkopf, 2039 m. Kürzer und leichter. Ab 4 Jahren. Kraxenkinder mit Laufpausen ab 2 Jahren. ¾ + ½ = 1¼ Stunden.
- c) Dalfazalm, 1692 m. Alternative für die jüngeren Geschwister. Ab 4 Jahren. Kraxenkinder mit Laufpausen ab 2 Jahren. Hin und zurück 1¾ Std.
- d) Abstieg von der Dalfazalm über die Durraalm zur Talstation. ½ Std. länger. Insgesamt 4¾ Std. Ab 10 Jahren.

Haidachstellwand, 2192 m

Pfiffige Bergwanderung für kleine Kletterer

Kindereignung: Ab 8 Jahren
Gehzeit: ↑ 1¾ + ↓ 1½ = 3¼ Std.
Höhenunterschied: ↑ ↓ 500 m
Talort: Maurach, 950 m
Auskünfte: Tourismusverband A-6212 Maurach,
Tel. +43/5243/5340, Fax 5297
E-Mail: info@achensee.tirol.at
Landkarte: KOMPASS-WK Nr. 027 „Achensee“ (1:35000)
Ausgangspunkt: Bergstation der „Rofanbahn“ (1831 m)
Anfahrt: Ausfahrt Achensee der Inntal-Autobahn – Maurach – Talstation. Bushaltestelle. Mit der Kabinenbahn zur Bergstation.

Der Aufstieg ist zunächst steil und mühsam, doch bei der „Kletterstelle“ werden Kinder rasch wieder lebendig. Der Abstieg ist abwechslungsreich und führt an einem kleinen See (Grubalacke) vorbei, der allerdings oft ausgetrocknet ist. Kinder stellenweise sichern (▸ S. 8).

Aufstieg

An der Erfurter Hütte und der ersten Wegverzweigung vorbei, bei der zweiten nach rechts und mit etwas Höhenverlust durch die Latschen. Man quert in die Westflanke der Haidachstellwand und steigt zu einem begrünten Sattel auf. Die „Kletterstelle“

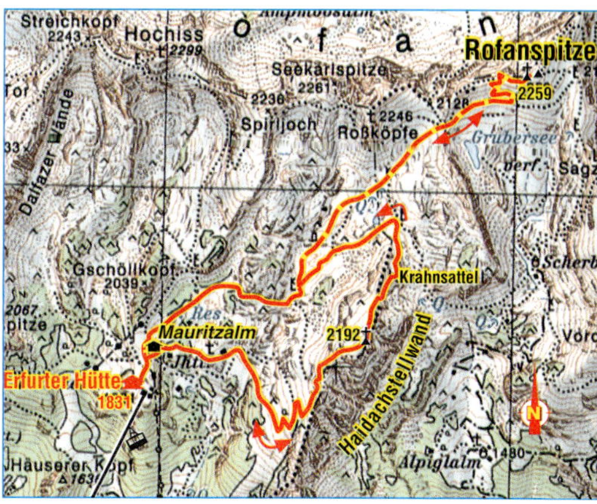

Bei der Jause werden auch die Bergdohlen nicht vergessen.

liegt nun vor uns (einige Drahtseile). Nach dieser spannenden Stelle über felsdurchsetzte Bergwiesen zum großen Gipfelkreuz (2192 m, Gipfelbuch). Vorsicht beim Spielen: im Süden Steilabbruch!

Abstieg

Über einen Rücken Richtung Nord absteigen, dann in die Ostflanke queren. Auf anregendem Weglein (Kinder nach Bedarf sichern) durch die Flanke in den Krahnsattel nahe der Grubalacke. Ziemlich eben durch die Gruba und leicht ansteigend in einen Sattel. Zur Bergstation muss man erst in eine Mulde ab- und zur Bahn aufsteigen.

Varianten

- a) Grubalacke (auf dem Weg zur Rofanspitze). Ab 6 Jahren. Hin und zurück 1½ Std.
- b) Rofanspitze, 2259 m. Über Grubascharte, steil in der Südflanke und über den Westrücken. Hin und zurück 4 Stunden. Ab 10 Jahren.

Zireiner See, 1799 m

Über einen Gipfel zum Bergsee

Kindereignung: Ab 6 Jahren
Gehzeit: Rundwanderung, 2¼ Std.
Höhenunterschied: ↑ ↓ 300 m
Talort: Kramsach, 520 m
Auskünfte: Tourismusverband A-6233 Kramsach, Tel. +43/5337/62209, Fax 64788; E-Mail: kramsach@tirol-pur.at
Landkarte: KOMPASS-WK Nr. 027 „Achensee" (1:35000)
Ausgangspunkt: Bergstation „Sonnwendjoch", 1785 m
Anfahrt: Ausfahrt Kramsach der Inntal-Autobahn. Richtung Dorf, beim Kreisverkehr Hinweisschild Bergbahn. Bushaltestelle. Mit der betagten Sesselbahn zum Sonnwendjoch.

Die Rundwanderung ist für Sechsjährige fast schon eine „Klettertour" und die Spielmöglichkeiten beim Zireiner See sind großartig. Für ältere Geschwister gibt es lohnende Varianten. Kinder nach Bedarf sichern (▸ S. 8)

Rundwanderung

Von der Bergstation des Sessellifts auf markiertem Weglein zum Rosskogel (1940 m). Richtung Nord steigt man in eine weite Ebene („Rosswies") ab und wandert, zuletzt felsdurchsetzt durch Latschen, zum bereits sichtbaren Zi-

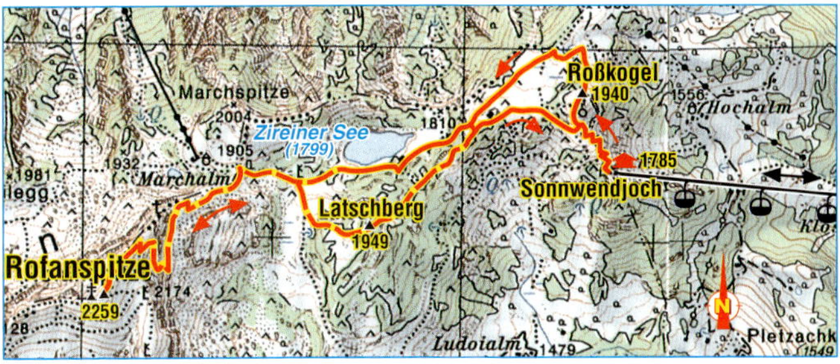

Sebastian, Clemens und Florian beim Zireiner See.

reiner See (1799 m) hinab. Hier wird eine längere Spielpause fällig!

Auf dem Rückweg hält man sich rechts, steigt zu einem Rücken auf und wandert diesen entlang. Unterhalb des Rosskogels quert man zum Anstiegsweg und erreicht über ihn die Bergstation.

Varianten

- a) Latschberg, 1949 m. Weglose Überschreitung. Nicht zu weit rechts halten (dichter Latschengürtel). Ab 8 Jahren. Insgesamt 3¼ Std.
- b) Rofanspitze, 2259 m. Über Marchgatterl und Schafsteigsattel. Ab 10 Jahren. Vom Zireiner See 1½ + 1 = 2½ Stunden.

Pendling, 1563 m

An Wochenenden ziemlich wirbelig ...

Kindereignung: Ab 6 Jahren
Gehzeit: ↑ 2 + ↓ 1½ = 3½ Std.
Höhenunterschied: ↑ ↓ 650 m
Talort: Vorderthiersee, 678 m
Auskünfte: Tourismusverband A-6335 Thierseetal, Tel. +43/5376/5230, Fax 5940; E-Mail thierseeinfo@tirol.com
Landkarte: KOMPASS-WK Nr. 9 „Kaisergebirge“ (1:50000)
Ausgangspunkt: Gasthof „Schneeberg“, 960 m
Anfahrt: Ausfahrt Kufstein (Nord oder Süd) der Inntal-Autobahn – Innbrücke – Thiersee. Richtung Hinterthiersee, beim „Pfarrerwirt“ (Bushaltestelle) nach links und zum Gasthaus „Schneeberg“. Große Parkplätze (gebührenpflichtig).

Aufstieg

Auf einer Forststraße, bald aber auf einem Wanderweg durch den felsdurchsetzten Wald. Hoch oben quert man unter dem felsigen Gipfelaufbau zur Kufsteiner Hütte (1537 m, große Sonnenterrasse, herrlicher Aus- und Abblick). Über den Nordostrücken zum ersten und wenig später zu einem zweiten Gipfelkreuz. Kinder im Auge behalten, steile Abbrüche ins Inntal!

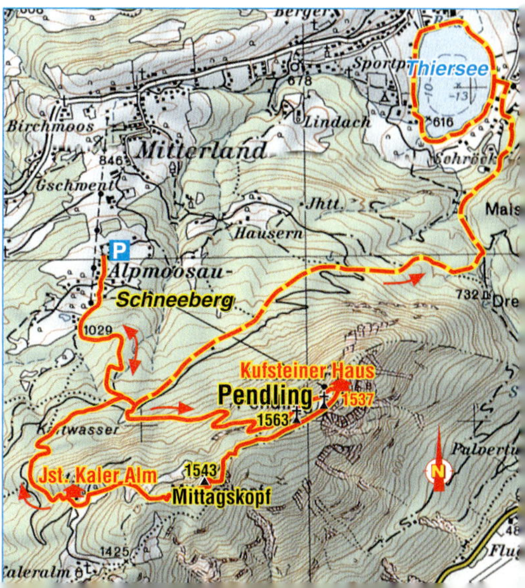

Abstieg

Über den Rücken auf interessantem

Pendling: Prachtvoller Aussichtsgipfel mit kurzem und anregendem Aufstieg – eine ideale Familienwanderung.

Einziger Nachteil: An Wochenenden pilgern Kolonnen zum Pendling. Empfehlung, wenn man nicht auf einen Wochentag ausweichen kann: In umgekehrter Richtung und möglichst früh starten.

Weg durch felsdurchsetzten Wald. Schließlich nach rechts hinunter zur Jausenstation Kaleralm (1360 m). Auf einer Forststraße zurück zum Ausgangspunkt.

Varianten

- a) Rund um den Thiersee. Ab 4 Jahren (Kraxenkinder mit Laufpausen ab 2 Jahren). ¾ Std.
- b) Abstieg vom Pendling zum Thiersee. Hinweistafel bei der Abzweigung. Ab 8 Jahren. ½ Std. länger. Sinnvoll, wenn die „Kleinen“ den Thiersee umwandern, während die „Großen“ den Pendling stürmen.

Harauer Spitze, 1117 m

Und anschließend ein Bad im Walchsee ...

Kindereignung: Ab 6 Jahren
Gehzeit: ↑ 2 + ↓ 1½ = 3½ Std.
Höhenunterschied: 600 m
Talort: Walchsee, 658 m
Auskünfte: Tourismusverein A-6344 Walchsee,
Tel. +43/5374/5232, Fax 5135;
E-Mail tvb.walchsee@netway.at
Landkarte: KOMPASS-WK Nr. 9
„Kaisergebirge" (1:50000)
Ausgangspunkt: Ortszentrum von Walchsee
Anfahrt: Von Kufstein über Ebbs; oder von St. Johann in Tirol über Erpfendorf und Kössen nach Walchsee (Bushaltestelle).

Eine harmlose Bergwanderung, doch beim Abstieg über den Gratrücken Kinder im Auge behalten. Nach Bedarf sichern (▸ S. 8). Ein Stolpern könnte unangenehme Folgen haben!

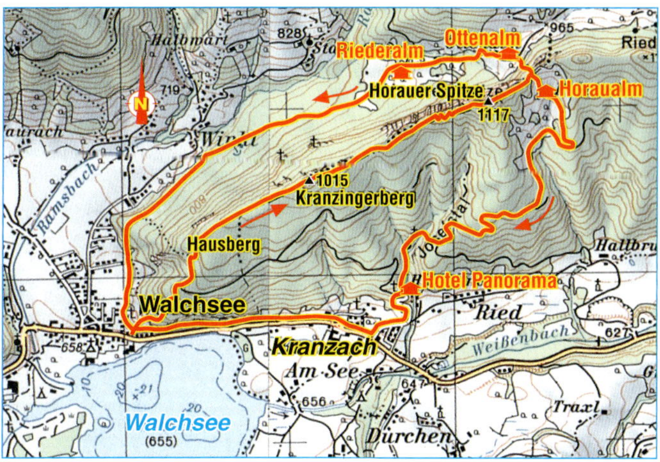

Abblick zum Walchsee vom Aufstieg zur Harauer Spitze.

Aufstieg

Zunächst der Wegtafel zum Kalvarienberg (drei schlichte Holzkreuze auf einem Hügel) folgen. Nun tauchen wir in den Wald ein. Ziemlich steil (zahlreiche Stufen) zu einer Wegverzweigung und nach rechts über den bewaldeten Rücken (Kranzinger Berg, 1015 m) zum Harauer Spitz (auch Horauer Spitze, 1117 m, Rastbank).

Abstieg

Über den Gratrücken (zahlreiche Stufen) in den Harauer Sattel. Kinder nach Bedarf sichern. Über eine Wiese zur Haraualm (urige Jausenstation). Weiter auf einem Fahrweg zu einer Abzweigung. Hier scharf nach rechts und auf einem Steig ins Josefstal. An zwei Kapellen vorbei zum Hotel „Panorama". Links vom Hotel zur Zufahrtsstraße und in den Talboden. Kurz neben der Fahrstraße, dann auf einer Promenade neben dem See zum Ausgangspunkt.

Varianten

a) Abstieg über die Ottenalm (965 m). Ab 6 Jahren. An heißen Tagen angenehmer.

Steinplatte, 1869 m

Durch eindrucksvolle Felsabbrüche zum Gipfel

Kindereignung: Ab 8 Jahren
Gehzeit: ↑ 2¼ + ↓ 1 = 3¼ Std.
Höhenunterschied: 500 m
Talort: Waidring, 778 m
Auskünfte: Tourismusverband A-6384 Waidring, Tel. +43/5353/4242, Fax 5242-4
Landkarte: KOMPASS-WK Nr. 14 „Berchtesgadener Land – Chiemgauer Alpen“ (1:50000)
Ausgangspunkt: Parkplatz „Steinplatte“ (Mautstraße), 1376 m
Anfahrt: St. Johann – Waidring – Mautstraße zur Steinplatte (Hinweisschilder).

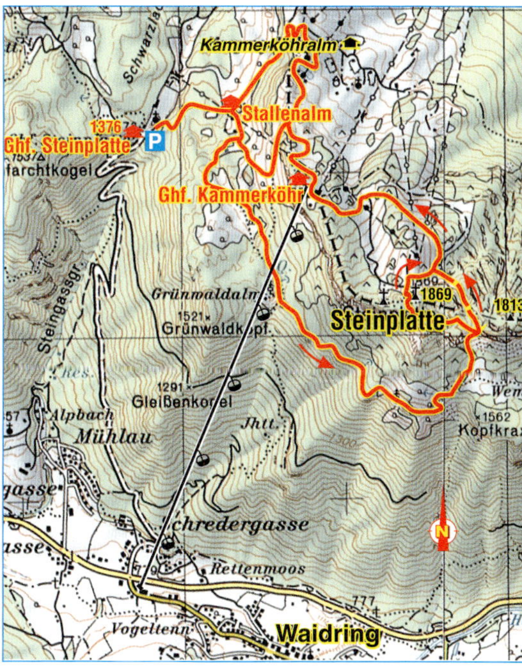

Aufstieg

Vom Parkplatz auf einem Fahrsträßchen über die Stallenalm zur Abzweigung des Wieslochsteiges. Durch den Wald, manchmal an Felsabbrüchen entlang, zu einer Wegtafel. Richtung Nord durch schütteren Baumbestand, dann in zunehmender Steilheit durch ein Labyrinth von Steinblöcken und Latschen. Wegverzweigung: Nach rechts in ei-

Auf dem Weg zur Steinplatte. Tief unter uns Waidring.

Ein erstaunlich alpiner, für Kinder anregender Anstieg! Kinder sichern (▸ S. 8). Die Eltern müssen leichtes Klettergelände (I) sicher beherrschen, denn der Steig ist zwar gut markiert, aber nur teilweise versichert.

nem weiten Bogen zur Steinplatte (leichter); nach links „schwierig", Klettersteig. Als Auftakt durchsteigen wir eine nahezu senkrechte Passage! Der Steig erreicht sanfteres Gelände und führt über latschenbewachsene Buckel. Nach einem kurzen Aufschwung erreicht man den Hauptgipfel (Kreuz).

Abstieg

Ein Weglein führt durch die Latschen ins Liftgebiet. Ab hier breiter Weg, der über die grünen, blumenreichen (!) Pisten abgekürzt werden kann, zurück zum Parkplatz.

Variante

● a) Über Stallenalm und Gasthof Kammerköhr zum Gipfel. Ab 4 Jahren, Kraxenkinder mit Laufpausen ab 2 Jahren. Für größere Kinder nicht empfehlenswert.

Kirchberg, 1678 m

Unerwartet alpin auf einen Grasmugel

Kindereignung: Ab 8 Jahren
Gehzeit: ↑ 2¼ + ↓ 1¾ = 4 Std.
Höhenunterschied: 800 m
Talort: St. Ulrich am Pillersee, 847 m
Auskünfte: Tourismusverband A-6393 St. Ulrich, Tel. +43/5354/88192, Fax 88727; E-Mailst.ulrich@netway.at
Landkarte: KOMPASS-WK Nr. 9 „Kaisergebirge“ (1:50000)
Ausgangspunkt: Parkplatz beim „Latschenbad“, 900 m. Zu Fuß zum Ausgangspunkt 20 Min. von der Bushaltestelle
Anfahrt: Ausfahrt Wörgl-Ost der Inntal-Autobahn – St. Johann – Waidring oder Fieberbrunn – St. Ulrich. Bushaltestelle. Südlich des Ortszentrums Abzweigung „Latschenbad/Latschenölbrennerei“.

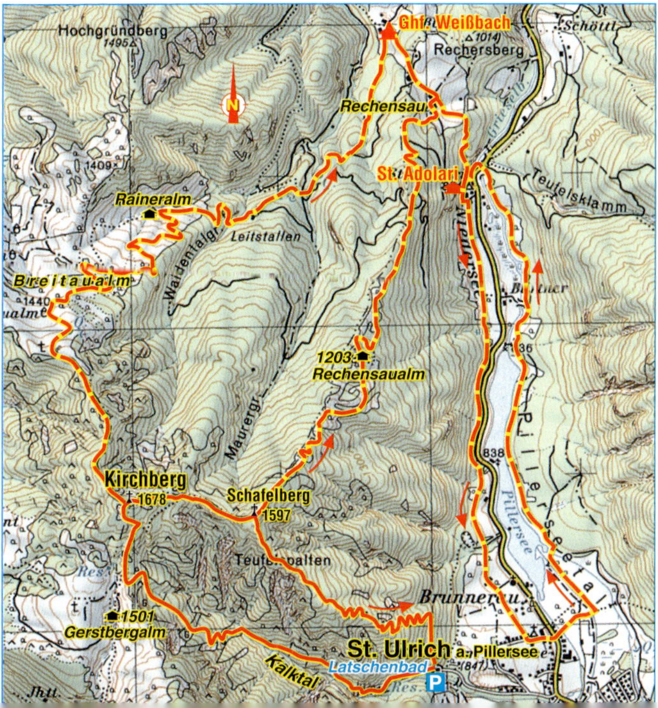

Kaum zu glauben: Die Bergwanderung auf diesen bewaldeten Gupf ist streckenweise durchaus alpin und damit anregend. Kinder nach Bedarf sichern (▸ S. 8). Die zweite Überraschung: Trotz der geringen Gipfelhöhe ist der Ausblick erstaunlich umfassend.

Aufstieg

Vom Latschenbad ins Kalktal. Von Beginn an zügiger Höhengewinn, zunächst über die „Steinerne Stiege" (teilweise Drahtseile), dann steil durch Wald zu einer Wegverzweigung nahe der Gerstbergalm (1501 m). Wir befinden uns auf einem wiesigen Sattel mit herrlichem Blick zu den Hohen Tauern. Scharf nach rechts abbiegen und steil durch Latschen zum Kirchberg (1678 m, Gipfelkreuz).

Abstieg

Erst absteigend, dann in kurzem Gegenanstieg zum Schafelberg (1597 m, Gipfelkreuz, Gipfelbuch). Auf einem Weglein erst durch Latschen, dann durch Wald ziemlich steil zum Latschenbad zurück.

Auf dem Kirchberg.
Im Hintergrund die Waidringer Steinplatte.

Auf der Abstiegsvariante über die Wallfahrtskirche St. Adolari.

Varianten

- a) Abstieg vom Kirchberg zum Berghaus Weißbach. Fahrweg nach St. Adolari (Gasthof, sehenswerte Wallfahrtskirche). Ab 10 Jahren. 1 Std. länger. Rückkehr nach St. Ulrich mit dem Bus.
- b) Vom Schafelberg über eine Teilstrecke des Pillersee-Weitwanderweges unmittelbar nach St. Adolari. Ab 8 Jahren. ½ Std. länger. Mit dem Bus zurück nach St. Ulrich.
- c) Rund um den Pillersee: Am Ostufer nach St. Adolari, am Westufer (oberhalb des Sees) zurück. Ab 4 Jahren, Kraxenkinder mit Laufpausen ab 2 Jahren. 2 Std.

Gamskogel, 1449 m

Gipfelsieg für die Jüngsten

Kindereignung: Ab 6 Jahren
Gehzeit: Rundwanderung, 2½ Std.
Höhenunterschied: 350 m
Talort: Kufstein, 503 m
Auskünfte: Tourismusverband A-6330 Kufstein, Tel. +43/5372/62207, Fax 61455; E-Mail kufstein@netway.at
Landkarte: KOMPASS-WK Nr. 09 „Kufstein-Walchsee-St. Johann i. Tirol" (1:30000)
Ausgangspunkt: Bergstation der Sesselbahn „Wilder Kaiser", 1230 m, am Brentenjoch
Anfahrt: Ausfahrt Kufstein-Nord der Inntal-Autobahn – Kufstein. Bahnstation, Bushaltestelle. Talstation im Nordosten der Stadt (Hinweisschilder). Parkplatz (gebührenpflichtig). Mit der Sesselbahn zur Bergstation.

Die Wanderung zur Kaindlhütte eignet sich bereits für Vierjährige. Die Sechsjährigen wählen den Umweg über einen richtigen Gipfel, den Gamskogel (1449 m). Für die echten Jungbergsteiger in der Familie gibt es einen tollen Gipfel: den Scheffauer über den Widauersteig. Dieser Klettersteig verlangt mehr Trittsicherheit und Bergerfahrung als manche Ferrata in der Senkrechten.

Aufstieg

Zunächst geht es bergab – zum Gaisbach hinunter und über ein Brücklein (etwa 1140 m). Jetzt erst beginnt der Aufstieg. Auf einem Wiesenweg, dann wieder auf dem Fahrsträßchen zur Kaindlhütte (1293 m). Rund um die Hütte herrliche Spielplätze! Weiter zu einem bewaldeten Rücken und unterhalb des Rückens zum Gamskogel.

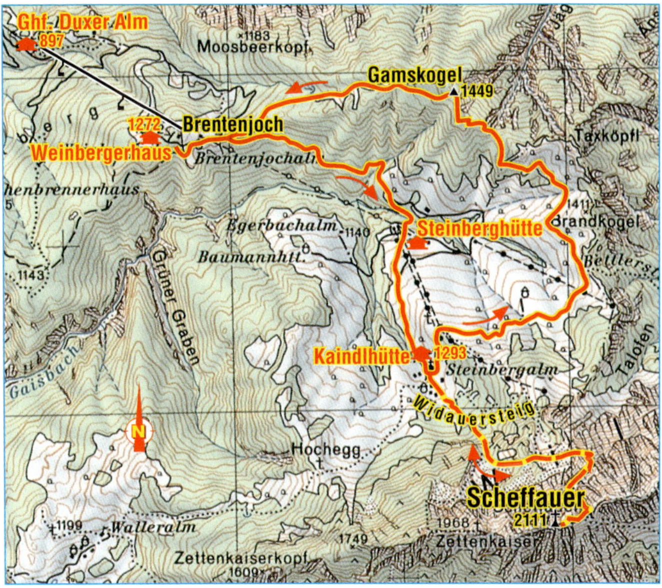

Anspruchsvolle Variante zum Gamskogel: Scheffauer. Leichter Dunst über dem Inntal, im Hintergrund der Große Pölven.

Abstieg

Über den Westrücken zum Brentenjoch bzw. zur Bergstation des Sessellifts.

Varianten

- a) Zur Kaindlhütte und auf dem Anstiegsweg (Gegenanstieg!) zurück zur Bergstation. Ab 4 Jahren. Kraxenkinder mit Laufpausen ab 2 Jahren. ¾ + 1 = 1¾ Std.
- b) Scheffauer, 2111 m. Sehr anstrengend! Für besonders gehtüchtige Kinder ab 10 Jahren, gesichert von bergerfahrenen Eltern, ev. nach Nächtigung in der Kaindlhütte. Von der Hütte hin und zurück 4½ Std.

Anmerkung:

Kaindlhütte, 1293 m, privat. 85 Schlafplätze. Ganzjährig bewirtschaftet. Tel. +43/664/5304882.

Geduldig wartet die Bergdohle auf das nächste „Guetele".

Hintersteiner See, 882 m

Malerischer Bergsee mit herrlichen Spielplätzen

Kindereignung: Ab 4 Jahren; Kraxenkinder mit Laufpausen ab 2 Jahren
Gehzeiten: Rundwanderung, 1½ Std.
Höhenunterschied: Unbedeutend
Talort: Scheffau am Wilden Kaiser, 745 m
Auskünfte: Tourismusverband A-6351 Scheffau, Tel. +43/5358/7373, Fax 73737; E-Mail info@scheffau.tirol.at
Landkarte: KOMPASS-WK Nr. 9 „Kaisergebirge“ (1:50000)
Ausgangspunkt: Parkplatz am Ostende des Hintersteiner Sees, 883 m
Anfahrt: Ausfahrt Wörgl-West der Inntal-Autobahn – Scheffau. Auf schmaler Bergstraße zum See.

Um ehrlich zu sein: Ganz so ● ist die Wanderung nicht. Ein Wegstück am Beginn (Südufer) ist steinig, „wurzelig“ und kurzzeitig etwas steil. Wer die Wanderung aber in der Gegenrichtung beginnt und sie auf das Nordufer und den größten Teil des Südufers beschränkt, findet keine Schwierigkeiten vor und kann sie auch mit Sportschuhen unternehmen. Das gilt keineswegs für die Aufstiegsvariante über die „Steinerne Stiege“, die Vorsicht und Trittsicherheit (nicht auf steinernen, sondern auf hölzernen Stufen) erfordert. An Sommertagen auf die Badehose nicht vergessen!

Rundwanderung

Vom Parkplatz nach links, auf dem erwähnten „alpineren“ Wegteil in einer Bergflanke kurz auf- und wieder zum See absteigen. Auf schönem Fußweg am Südufer entlang. Nach dem See erreicht man eine weite Ebene. Einkehr und Reitmöglichkeit im „Hagenhof“. Am Nordufer auf einem Fahrsträßchen nacheinander zum Seestüberl, Strandbad und Parkplatz.

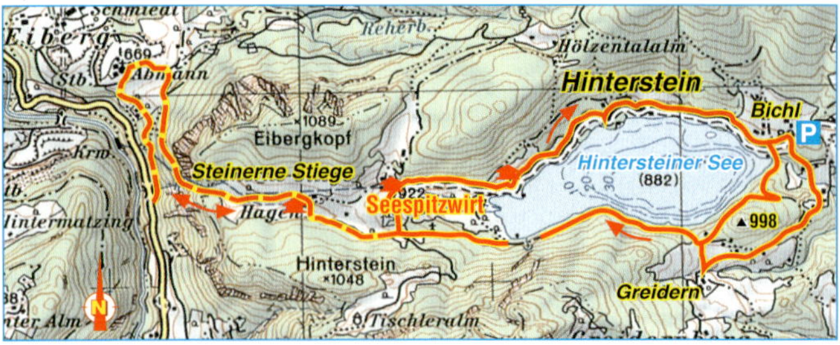

Varianten

a) Aufstieg zum See über die „Steinerne Stiege". Ausgangspunkt Eiberg-Bundesstraße, kleiner Parkplatz nach einer Brücke, etwa 5 km von Kufstein. Steil, Vorsicht insbesondere beim Abstieg! Bei Nässe abzuraten. Kinder nach Bedarf sichern! (▸ S. 8). Ab 8 Jahren. ↑ 1 + 1½ (um den See) + ↓ ¾ = 3¼ Std.

Hintersteiner See.
Blick nach Osten zum Treffauer.

Pyramidenspitze, 1997 m

Gipfel für ausdauernde Jungbergsteiger

Kindereignung: Sehr gehtüchtige Kinder ab 10 Jahren
Gehzeit: ↑ 3¾ + ↓ 2½ = 6¼ Std.
Höhenunterschied: 1300 m
Talort: Walchsee, 668 m
Auskünfte: Tourismusverband A-6344 Walchsee, Tel. +43/5374/5223, Fax 5135; E-Mail tvb.walchsee@netway.at
Landkarte: KOMPASS-WK Nr. 09 „Kufstein-Walchsee-St. Johann i. Tirol“ (1:30000)
Ausgangspunkt: Durchholzen, Parkplatz für Bergwanderer (etwa 700 m)
Anfahrt: St. Johann – Griesenau – Schwendt – Walchsee – Durchholzen. Hierher auch von Kufstein. Asphaltiertes Fahrsträßchen zum Parkplatz für Bergwanderer. Von der Bushaltestelle in Durchholzen zu Fuß 20 Min.

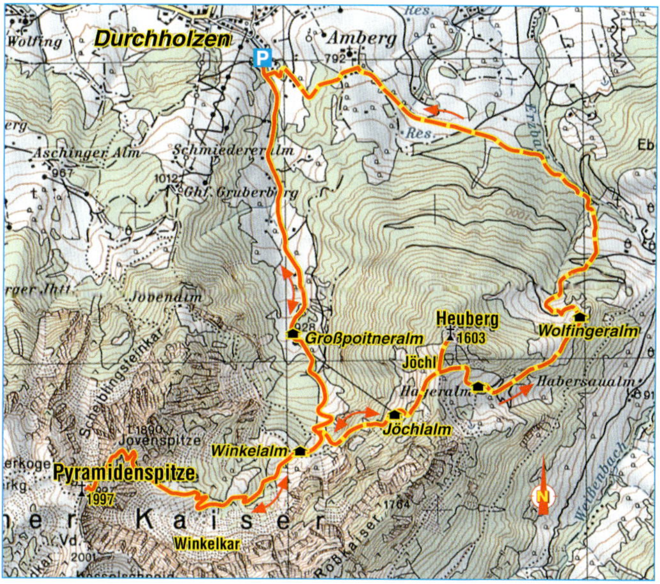

Dieser Weg auf die Pyramidenspitze ist ein stellenweise durch Drahtseile gesicherter alpiner Aufstieg. An einen „richtigen“ Klettersteig erinnert ein senkrechter Felsaufschwung im obersten Teil des Anstieges (Eisenbügel, Drahtseil). An Wochenenden viel begangen – Steinschlaggefährdung! Trittsicherheit und Schwindelfreiheit erforderlich. Kinder sichern! (▸ S. 8)

Aufstieg

Vom Parkplatz Fahrsträßchen, dann Fußweg zur Großpoitner Alm (928 m). Ab hier Steiglein zur Winkelalm (1193 Meter, ausgebaute Almhütte der Sektion Oberland, DAV). Man durchquert das riesige, von Felswänden umrahmte Winkelkar und steigt zu einem Rücken und zu einer Südostflanke auf. Über ein Serpentinenweglein steil zu den ersten Seilversicherungen. Nach einer Schlucht scharf links einbiegen, durch eine Flanke und zum Gipfelaufbau. Nach einem Steilaufschwung problemlos zum Gipfelkreuz.

Abstieg

Wie Aufstieg.

Varianten

● a) Heuberg, 1603 m. Zur Winkelalm, über das Jöchl auf den Heuberg. Abstieg auf dem Anstiegswege oder über die Wolfinger Alm (¾ Std. länger). ↑ 2¾ + ↓ 1¾ = 4½ Std. Ab 8 Jahren.

● b) Winkelalm, 1193 m. Ab 4 Jahren, Kraxenkinder mit Laufpausen ab 2 Jahren. ↑ 1¼ + ↓ ¾ = 2 Std.

Blick von der Pyramidenspitze in den Talboden.

Feldberg, 1813 m

Wanderung mit Paradeblick zum Wilden Kaiser

Kindereignung: Ab 10 Jahren
Gehzeit: Rundwanderung, insgesamt 5½ Std.
Höhenunterschied: 1150 m
Talort: Kirchdorf, 641 m
Auskünfte: Tourismusverband A-6382 Kirchdorf in Tirol, Tel. +43/5352/6933, Fax 65208; E-Mail info@kirchdorf.com
Landkarte: KOMPASS-WK Nr. 9 „Kaisergebirge“ (1:50000)
Ausgangspunkt: Griesner Alm, 988 m
Anfahrt: St. Johann in Tirol – Griesenau. Mautstraße zur Griesener Alm (988 m, große Parkplätze).

Großartige Einblicke in die schroffe Gipfelwelt des Wilden Kaisers beeindrucken auch Kinder. Vom Weg her tragen einige Eisenbügel und Seilversicherungen zum Vergnügen bei, im Juni meist auch Schneefelder, die der Hüttenwirt gut gangbar gemacht hat. Kinder nach Bedarf sichern (▸ S. 8).

Rundwanderung

Nach dem Gasthof über den Kaisertalbach und auf bequemem Weg zum Stripsenjochhaus (1577 m). Am Tavonarakreuz vorbei und weiter zum Stripsenkopf (1807 m). Abstieg in eine Einsattelung (1685 m) und – erst etwas ausgesetzt, dann zunehmend gemütlich – zum Feldberg (1813 m). Die begraste Kuppe ist ein herrlicher Rast- und Aussichtspunkt.

Vom Feldberg über einen langen Rücken (Latschen, dann schütterer Wald) zur Wegverzweigung. Nach rechts und über die Südflanke zur Ranggenalm (1226 m), die auf originelle Weise zu einer Einkehr lädt. Weiter auf gutem Weglein, oberhalb der Fischbachalm rechts haltend zur Fahrstraße. Oberhalb, dann auf der Straße in leichtem Gegenanstieg zum Parkplatz.

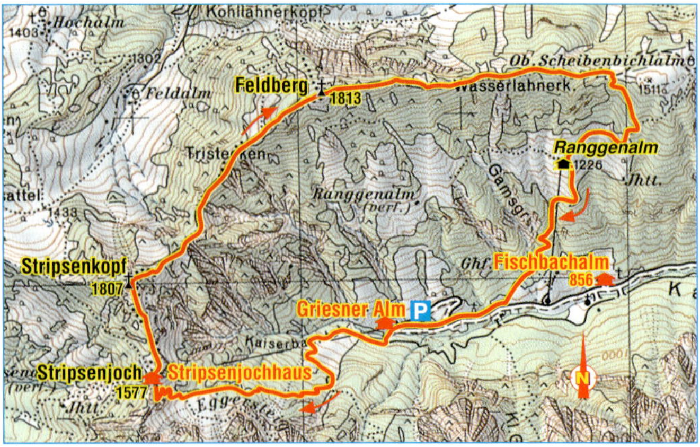

Varianten

- a) Vom Stripsenkopf auf dem Anstiegswege zurück zum Parkplatz. Ab 8 Jahren. Insgesamt 3½ Std.
- b) Tavonarakreuz, 1603 m. Aussichtsplatz über der Stripsenjochhütte. Ab 6 Jahren. ↑ 1½ + ↓ 1 = 2½ Std.

Anmerkung:

Stripsenjochhaus, ÖAV, 1577 m. 180 Schlafplätze. Bewirtschaftet Mitte Mai – Oktober. Tel. +43/5358/2262

Ganz schön steil ist der Maiklsteig!

Auf dem Weg zum Stripsenkopf. Am rechten Bildrand das Tavonarakreuz. ▷

Gscheuerkopf, 1280 m

Steil und anspruchsvoll auf Niederkaiser

Kindereignung: Ab 8 Jahren
Gehzeit: ↑ 2 + ↓ 2 = 4 Std.
Höhenunterschied: 700 m
Talort: St. Johann in Tirol, 659 m
Auskünfte: Tourismusverband A-6380 St. Johann in Tirol, Tel. +43/5352/633350, Fax 65200; E-Mail info@st.johann.tirol.at
Landkarte: KOMPASS-WK Nr. 9 „Kaisergebirge“ (1:50000)
Ausgangspunkt: Gasthof Hinterkaiser, 700 m
Anfahrt: Ausfahrt Wörgl-Ost oder Kufstein-Süd der Inntal-Autobahn – St. Johann in Tirol. Auf schmaler Asphaltstraße zum Gasthaus. Parkerlaubnis einholen. Zu Fuß vom Ortszentrum ½ Std.

Eine wahrlich abwechslungsreiche Wanderung: ein Klettersteig, der mit Leitern und Eisenbügeln gut abgesichert ist; ein ungemein aussichtsreicher Gratrücken; eine eindrucksvolle Grotte („Gmailkapelle“); zuletzt die Einsiedelei „Maria Blut“. Kinder nach Bedarf sichern (▸ S. 8).

Aufstieg

Auf dem Fahrsträßchen ¼ Std. Richtung Gasthof Rummler zur Abzweigung des Maiklsteiges. Auf schmalem Weglein steil und mühsam durch den Wald zu den Felsen. Hier beginnt der Klettersteig. Teilweise steil und ausgesetzt zum Gratrücken. Vom „Ausstieg“ nach links zum Gscheuerkopf.

Abstieg

Zurück zum „Ausstieg“, dann in einigem Auf und Ab über den Schatterberg (1274 m). Weiter über eine steile Flanke (teilweise ausgesetzt) zur Gmailkapelle, deren Geschichte

bis 1497 zurückreicht. Gemütlicher bergab zur Einsiedelei „Maria Blut“. Zunächst scharf rechts durch den Wald, dann auf einer Forststraße zu einem Bauernhof und auf einem Fahrsträßchen zurück zum Gasthof Hinterkaiser.

Varianten

- a) Gscheuerkopf über Einsiedelei, Gmailkapelle und Schatterberg. Abstieg über Kaiser-Niederalm (1322 m) und Grandneralm (1263 m) zum Gasthof Rummlerhof. Fahrsträßchen zum Gasthof Hinterkaiser. Ab 10 Jahren. Insgesamt 5 Std.

- b) Maiklsteig, aber Abstieg über Metzgeralm und Bacheralm nach Gasteig (Ortsteil von Kirchdorf, Bushaltestelle). Insgesamt 3½ Std. Ab 8 Jahren.

Auf den letzten Metern zum Gscheuerkopf.

Ackerlhütte, 1456 m

Großartiger Wasserfall als Draufgabe

Kindereignung: Ab 8 Jahren
Gehzeit: ↑ 2 + ↓ 2 = 4 Std.
Höhenunterschied: 700 m
Talort: Going, 773 m
Auskünfte: Tourismusverband A-6353 Going am Wilden Kaiser, Tel. +43/5358/2438, Fax 3501
Landkarte: KOMPASS-WK Nr. 09 „Kufstein-Walchsee-St. Johann i. Tirol" (1:30000)
Ausgangspunkt: Parkplatz beim „Wieser"
Anfahrt: Ausfahrt Wörgl-Ost der Inntal-Autobahn – Going. Beim „Stanglwirt" (Bushaltestelle) Hinweisschild „Prama", Fahrsträßchen bis zum Fahrverbot oberhalb des Bauernhofs. Parkplatz im Wald vor dem Schranken.

Aufstieg

Auf einem Fahrweg den Tannbichlbach aufwärts zur gleichnamigen Kapelle im Wald. Bei der Wegverzweigung nach rechts zur Ackerlhütte (Selbstversorgerhütte, an Wochenenden beaufsichtigt). Noch etwa 20 Min. auf dem Fahrweg, dann ziemlich steil durch den Wald ins freie Almgelände und zur Oberen Regalm (1313 m). Die Ackerlhütte sieht man nun schon vor sich. In einem Bogen auf und über einen Rücken

„Schwierig“ ist auf dieser Wanderung nur eine kurze Wegstelle vor dem Schleierwasserfall. Da müssen jüngere und weniger verlässliche Kinder („Hans-Guck-in-die-Lufts“) gesichert werden (▸ S. 8). Ansonsten ist die Wanderung harmlos und verlockt an vielen Punkten zu einer Spielpause.

zur Hütte. Prachtvoller Blick zu berühmten Kaisergipfeln wie Maukspitze und Ackerlspitze.

Abstieg

Von der Hütte über den Westhang in eine Mulde. Oberhalb der Graspoint-Hochalm quert man zu einem Fußweg und über den Rettenbach. Vom Schleierfall unter uns ist noch nichts zu sehen. Nach der Querung folgen wir dem Hinweisschild, biegen scharf nach rechts ab und erreichen eine reizvolle „Kletterstelle“, die steil durch den Felsgürtel hinunterführt (Seilversicherungen, Leiter). Kinder sichern! ▸ S. 8 . Nun nach rechts zum eindrucksvollen Wasserfall. Nach einer Rastpause entlang der Felswände steil hinauf. An schwierigen Sportkletterrouten (7.-10. Grad!) vorbei zu einem weiteren Wasserfall. Wegverzweigung bei einem auffälligen Baum. Dem Hinweisschild „Prama – Going“ folgend zum Ausgangspunkt.

Varianten

- a) Abstieg auf dem Anstiegswege. Ab 6 Jahren. 1¼ Std., insgesamt 3¼ Std.
- b) Nur zum Wasserfall. Vom Stanglwirt rechts haltend, am „Badesee“ vorbei, nach Hüttling. Parkplatz bei einer Brücke. Ab 4 Jahren, Kraxenkinder mit Laufpausen ab 2 Jahren. Insgesamt 2½ Std.

Blick aus der Felswand auf den Schleierwasserfall.

Abblick auf die Gruttenhütte.
Im Talboden Ellmau, im Hintergrund Reichenspitzgruppe.

Gruttenhütte, 1620 m

Dem Wilden Kaiser ganz nahe gerückt

Kindereignung: Ab 6 Jahren
Gehzeit: ↑ 2 + ↓ 1 = 3 Std.
Höhenunterschied: 600 m
Talort: Ellmau, 804 m
Auskünfte: Tourismusverband A-6352 Ellmau, Tel. +43/5358/2301, Fax 3443; E-Mail ellmau@netway.at
Landkarte: KOMPASS-WK Nr. 09 „Kufstein-Walchsee-St. Johann i. Tirol“ (1:30000)
Ausgangspunkt: Wochenbrunner Alm, 1085 m
Anfahrt: Ausfahrt Wörgl-West der Inntal-Autobahn – Ellmau. Asphaltierte Mautstraße (Abzweigung zwischen Ellmau und Going) zur Wochenbrunner Alm. Große Parkplätze. Zu Fuß von Ellmau 1½ Std. (mit Kindern abzuraten).

Kein langweiliger Hüttenanstieg, vermittelt er doch unterhalb des „Klammls“ kurzzeitig einen „Hauch von Klettersteig“ (Drahtseil, Eisenbügel). Kinder nach Bedarf sichern (▸ S. 8). Bei der Hütte (großartige Aussicht!) geht es meist recht wirbelig zu. Wer es ruhiger haben möchte, steigt in 10 Min. zu einer Kuppe nördlich der Hütte (Kreuz) auf.

Aufstieg

Auf breitem Schotterweg entlang dem Hausbach zur Gaudeamushütte (1263 m). Zunächst in Richtung Ellmauer Tor, dann nach links abzweigend ziemlich steil zum „Klamml“. Nun wird es für Kinder spannend: Klettersteig-Einlage! Wenig später sieht man die Gruttenhütte vor sich – in herrlicher Lage, wie ein Adlerhorst hoch über dem Talboden.

Abstieg

Ein guter Steig führt, anfangs steinig und geröllig, später

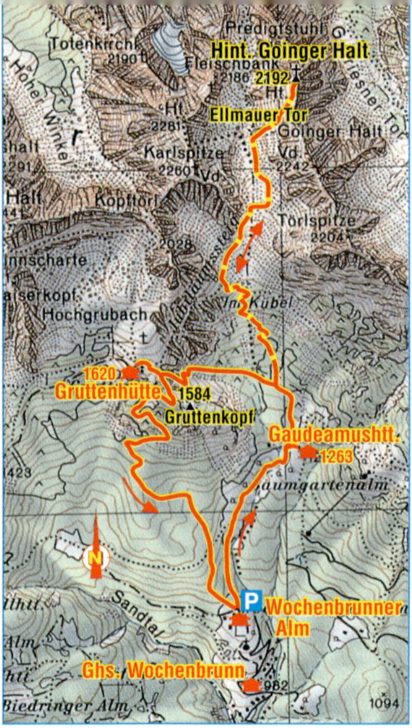

im Wald angenehm weich zum Parkplatz bei der Wochenbrunner Alm.

Varianten

● a) Gruttenhütte auf dem normalen Hüttenanstieg. Ab 4 Jahren; für Kraxenkinder mit Laufpausen ab 2 Jahren. ↑ 1½ + ↓ 1 = 2½ Std.

● b) Gaudeamushütte, 1263 m. ↑ ¾ + ↓ ½ = 1¼ Std. Ab 4 Jahren, Kraxenkinder mit Laufpausen ab 2 Jahren.

● c) Über die Gaudeamushütte zum Ellmauer Tor, 2006 m (= Kuppe nahe dem Tor). ↑ 2¾ + ↓ 1¾ = 4½ Std. Ab 8 Jahren.

● d) Hintere Goinger Halt, 2192 m. Leichte Kletterei, Versicherungen (Eisenketten). Hinweis „G.H.“ auf einem Stein, dann Wegspuren und Farbtupfer. Vom Ellmauer Tor ↑ ¾ ↓ ½ = 1¼ Std., insgesamt 5¾ Std. Kinder sichern! (▸ S. 8). Ab 10 Jahren.

Anmerkung

Gruttenhütte, DAV, 1620 m. Bewirtschaftet Juni bis Oktober. 150 Schlafplätze. Tel. +43/664/3254583

Im unteren Teil des Aufstiegs zum Ellmauer Tor. Seilsicherung ist unnötig, wird aber vom Kind als angenehm empfunden.

Großer Pölven, 1595 m

Klein, aber oho!

Kindereignung: Ab 8 Jahren
Gehzeit: ↑ 2½ + ↓ 2 = 4½ Std.
Höhenunterschied: 850 m
Talort: Söll, 703 m
Auskünfte: Tourismusverband A-6306 Söll,
Tel. +43/5333/5216, Fax 6180; E-Mail info@soell.com
Landkarte: KOMPASS-WK Nr. 9
„Kaisergebirge“ (1:50000)
Ausgangspunkt: Gasthof Hochfilzer, 769 m
Anfahrt: Ausfahrt Wörgl-Ost der Inntal-Autobahn – Söll. Bushaltestelle. Vor der Kirche nach links (Wegtafel „Pirchmoos“) und zum Gasthof Hochfilzer. Parkerlaubnis einholen. Von Bushaltestelle zu Fuß ½ Std.

Der auffallende, kleine und gegen das Inntal vorgeschobene Gupf ist weitgehend bewaldet. Der Wald ist aber steil und mit Felsabbrüchen durchsetzt. Vorsicht: Am Pölven ereignen sich immer wieder Unfälle, mitunter mit tödlichem Ausgang. Kinder nach Bedarf sichern (▸ S. 8). Die Mahnung, auf dem markierten Weg zu bleiben, ist berechtigt.

Aufstieg

Vom Gasthof Hochfilzer im Weiler Reit wenige Minuten zurück zu einer Kapelle (730 m) im Weiler Pirchmoos. Von hier führt ein Fahrweg zu einigen Häusern. Unser Weg zweigt schon vor den Häusern ab. Er führt erst gemütlich, dann steil durch den Wald. Bei einer großen Lichtung stoßen wir auf einen Fahrweg, dem wir zur Reiter Alm (1152 Meter) folgen. Am linken Rand der Lichtung in zahlreichen Kehren über eine steile Wiese neuerlich in den Wald und – noch steiler – durch den Wald in eine Einsattelung zwischen Kleinem Pölven (1562 m) und Großem Pölven (auch „Mittagskogel“). Kurz vor dem Gipfel eine Bank, auf der es

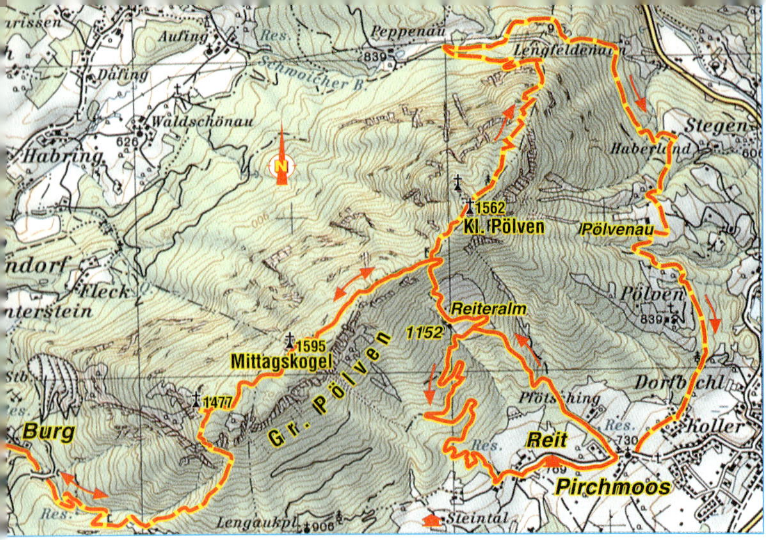

sich mit schönem Blick in die Kitzbühler Alpen gut rasten lässt. Vom Gipfel selbst (Kreuz, Gipfelbuch, Bank) genießt man eine ganz andere Aussicht: einen großartigen Blick ins Inntal und zum Rofangebirge.

Abstieg

Wie Aufstieg bis Reiter Alm. Dann gemütlich auf dem Fahrsträßchen hinunter zum Gasthof Pirchmoos.

Varianten

- a) Großer Pölven von Bad Häring. „Sinwel-Klettersteig", nicht besonders schwierig. Kinder nach Bedarf sichern! ↑ 2½ + ↓ 1½ = 4 Std. Ab 8 Jahren.
- b) Kleiner Pölven, 1562 m. Von der Einsattelung nach rechts. Abstieg über den „Pölvensteig" zum Rundwanderweg, in einem Bogen über den Pölvenberg nach Pirchmoos. Ab 10 Jahren. Ebenfalls 4½ Std.

Im Bild die Bergstation Harschbichl (St. Johann in Tirol), im Hintergrund das Unterberghorn.

Der Schwarzsee bei Kitzbühel aus der Vogelperspektive.

Kitzbüheler Horn, 1996 m

Überraschend alpin auf den berühmten Gipfel

Kindereignung: Ab 6 Jahren
Gehzeit: ↑ 1¼ + ↓ ¾ = 2 Std.
Höhenunterschied: 400 m
Talort: St. Johann in Tirol, 659 m
Auskünfte: Tourismusverband A-6380 St. Johann in Tirol, Tel. +43/5352/633350, Fax 65200; E-Mail info@st.johann.tirol.at
Landkarte: KOMPASS-WK Nr. 9 „Kaisergebirge“ (1:50000)
Ausgangspunkt: Bergstation „Harschbichl“, 1604 m
Anfahrt: Ausfahrt Wörgl-Ost der Inntal-Autobahn – St. Johann in Tirol. Bahnstation, Bushaltestelle. Zur Seilbahn (Hinweisschilder). Große Parkplätze. Über die Mittelstation „Angereralm“ zur Bergstation.

Aufstieg

Von der Bergstation auf breitem Weg in eine Senke. Hier zweigt unser Bergpfad ab. Er ist nicht schwierig, aber ziemlich steil und an einigen Stellen etwas ausgesetzt. Kurz vor dem „Ausstieg“ führt der Weg durch ein Felsentor, das unsere Enkelkinder ungemein „cool“ fanden. Zuletzt auf bzw. neben dem Fahrsträßchen zum Gipfel mit dem markanten Sendeturm des ORF. Wer gerne wissen möchte, wie die vielen Gipfel heißen, die man von diesem großartigen Aussichtspunkt erkennen kann, wird gut bedient. Für jede Himmelsrichtung und Gebirgsgruppe gibt es Panoramafotos mit den Gipfelbezeichnungen.

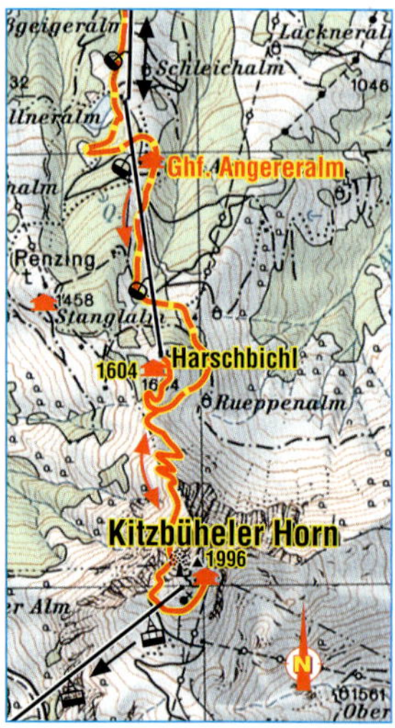

Das Horn kann man von Kitzbühel auf einer Bergstraße oder mit einer Seilbahn mühelos erreichen. Weniger bekannt ist unser Anstieg von St. Johann. Er wird durch eine Gondelbahn zwar „auf Kindergröße“ verkürzt, bleibt aber ein alpiner Aufstieg zum berühmten Horn. Jüngere oder weniger verlässliche Kinder an einigen ausgesetzten Stellen sichern (▸ S. 8).

Abstieg

Wie Aufstieg.

Varianten

● a) Aufstieg von St. Johann, „Abstieg“ mit der Luftseilbahn nach Kitzbühel. Bahnstation nahe der Talstation. Ab 4 Jahren, doch: Kinder verlässlich sichern, Zeit lassen.

Wildsee und Wildseeloderhütte vom Abstieg von der Henne.

Wildseeloder, 2118 m

Spielplätze an einem zauberhaften Bergsee

Kindereignung: Ab 10 Jahren
Gehzeit: Rundwanderung, 4 Std.
Höhenunterschied: 800 m
Talort: Fieberbrunn, 790 m
Auskünfte: Tourismusverband A-6391 Fieberbrunn, Tel. +43/5354/56304, Fax 52606; E-Mail tvb.fieberbrunn@netway.at
Landkarte: KOMPASS-WK Nr. 9 „Kaisergebirge" (1:50000)
Ausgangspunkt: Bergstation Lärchfilzkogel, 1654 m
Anfahrt: Ausfahrt Wörgl-Ost der Inntal-Autobahn – St. Johann in Tirol – Fieberbrunn. Bushaltestelle. Kurz weiter Richtung Leogang, dann nach rechts zur Talstation (831 m). Mit zwei Teilstrecken der Zweiseil-Umlaufbahn zum Ausgangspunkt.

Bereits von der Bergstation der Gondelbahn prachtvolle Aussicht zum Wilden Kaiser, zu den Leoganger und Loferer Steinbergen, den Hohen Tauern, den skifreundlichen Kuppen der Kitzbühler Alpen. Kinder werden sich über den anregenden Weg freuen, über die herrlichen Spielplätze am Wildsee und die Einkehr im Wildseeloderhaus. Kinder nach Bedarf sichern (▸ S. 8). Erwähnenswert: Im Juni blühen zahlreiche Bergblumen, auffallend die großen stengellosen Enziane.

Rundwanderung

Auf gutem Weg zur Wildalm hinunter und über eine Brücke. Aufstieg zum Wildseeloderhaus (1854 m) am malerischen Wildsee. Nun auf schmalem Pfad durch die steile Ostflanke und über den begrasten Rücken zum hohen Gipfelkreuz.

Über den Südgrat, dann in der Flanke (oft noch im Juni große Schneefelder) zur Seenieder (1933 m). Von hier geradewegs – unmarkiert, nur Steigspuren – auf den zweiten Gipfel, die Henne (2078 m). Abstieg – teilweise steil und ausgesetzt – mit schönem Blick auf den Wildsee und das Wildseeloderhaus.

Die Runde ist geschlossen. Vor dem Abstieg und Gegenanstieg zur Bergstation ist eine Einkehr im Wildseeloderhaus fällig und wohl auch eine ausgiebige Spielpause beim See.

Varianten

- a) Nach der Überschreitung von der Seenieder unmittelbar zur Schutzhütte hinunter. Insgesamt 3¼ Std. Ab 8 Jahren.
- b) Nur zum Wildseeloderhaus bzw. zum Wildsee. 2 Std. Ab 4 Jahren, Kraxenkinder mit Laufpausen ab 2 Jahren.
- c) Henne, 2078 m. Auf- und Abstieg auf dem gleichen Weg. 3 Std. Ab 6 Jahren.

Anmerkung

Wildseeloderhaus, ÖAV, 1854 m. Bewirtschaftet Juni – Oktober, 40 Schlafplätze. Tel. +43/664/3254583

Im Notfall ...

Der „Alpine Notruf": 6 optische oder akustische Zeichen in der Minute oder ein Notruf über das Handy: 140 = Bergrettung, 112 = Euro-Notruf.

Hahnenkampl, 1812 m

Wanderung durch ein ehemaliges Bergbaugebiet

Kindereignung: Ab 8 Jahren
Gehzeit: ↑ 1¾ + ↓ 1½ = 3¼ Std.
Höhenunterschied: 600 m
Talort: Aurach, 800 m
Auskünfte: Tourismusverband A-6370 Aurach, Tel. +43/5356/4622, Fax 72535
Landkarte: KOMPASS-WK Nr. 29 „Kitzbüheler Alpen“ (1:50000)
Ausgangspunkt: Parkplatz (etwa 1230 m) für Gäste der Bochumer Hütte
Anfahrt: Kitzbühel – Richtung Pass Thurn zum Ortsteil Wiesenegg. Bushaltestelle. Nach links auf schmalem Sträßchen den Wieseneggbach entlang zum Parkplatz kurz nach einer Bergwerksruine. Von der Bushaltestelle zu Fuß 1¼ Std.

Trotz der geringen Gipfelhöhe erstaunlich aussichtsreiche Rundwanderung. Die Bochumer Hütte (auch „Berghaus Kelchalm“) war ehemals ein Knappenhaus. Die ehemaligen Bergwerksanlagen wurden teilweise restauriert und werden Kinder gewiss interessieren. Gleich neben der Hütte ein alter Stolleneingang und der auffällige „Pulverturm“.

Aufstieg

Vom Parkplatz kurz talein, nach links auf einem steilen Schottersträßchen in zahlreichen Kehren zur Bochumer Hütte (1430 m). Nun auf einem Fußweg erst steil ansteigend, dann weitgehend in Richtung Nord querend zum Laubkogel (1760 m). Durch die vorgeschobene Lage herrliche Aussicht auf einen großen Teil der Kitzbühler Alpen, den gezackten Bergkamm des Wilden Kaisers und bis zu den Hohen Tauern. Weiter zum Hahnenkampl, bei dem zwei Erhebungen kotiert sind (1815 m und 1812 m).

Abstieg

Über den Kamm und einen weiteren Gipfel zu einer Wegverzweigung. Wir steigen nach rechts ab, erreichen eine Forststraße, deren weite Kehren wir abkürzen können, und schließlich die Niederkaseralm (1362 m). Auf oder neben dem Fahrsträßchen zurück zum Parkplatz.

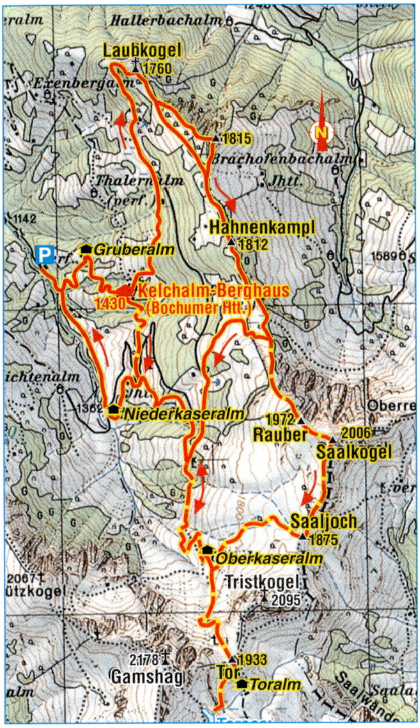

Varianten

- a) Große Rundwanderung: Über Rauber (1972 m) und Saalkogel (2006 m) zum Saaljoch (1875 m). Abstieg über Oberkaser- und Niederkaseralm. Ab 10 Jahren. Insgesamt 4¾ Std.
- b) Kleine Rundwanderung: Parkplatz – Bochumer Hütte – Niederkaseralm – Parkplatz. Insgesamt 1¼ Std. Ab 4 Jahren, Kraxenkinder mit Laufpausen ab 2 Jahren.
- c) Zum Torsee: Parkplatz – Bochumer Hütte – Tor – Torsee. Abstieg über Tor und Niederkaseralm zum Parkplatz. ↑ 2½ + ↓ 1¾ = 4¼ Std. Ab 8 Jahren.

Anmerkung

Bochumer Hütte (Berghaus Kelchalm), DAV, 1430 m. Ganzjährig bewirtschaftet (außer November und erste Aprilhälfte). Betten und Lager. Tel. +43/664/4150575.

Bochumer Hütte, hinten Gamshag und Schütz.

Wallfahrtskirche Mariä Heimsuchung am Harlassanger, oberhalb der Kobingerhütte.

Gaisberg, 1770 m

Rundwanderung mit schönen Spielplätzen

Kindereignung: Ab 6 Jahren
Gehzeit: ↑ 1¾ + ↓ 1¼ = 3 Std.
Höhenunterschied: 550 m
Talort: Kirchberg in Tirol, 860 m
Auskünfte: Tourismusverband A-6365 Kirchberg in Tirol, Tel. +43/5357/2309, Fax 3732;
E-Mail kirchberg.tvb@netway.at
Landkarte: KOMPASS-WK Nr. 29 „Kitzbüheler Alpen" (1:50000)
Ausgangspunkt: Bergstation Sessellift „Gaisberg", 1264 m
Anfahrt: Ausfahrt Wörgl-Ost der Inntal-Autobahn – Brixental – Kirchberg. Richtung Aschau im Spertental zur Talstation des Gaisberg-Sessellifts. Bushaltestelle. Mit dem Sessellift zum Ausgangspunkt.

Aufstieg

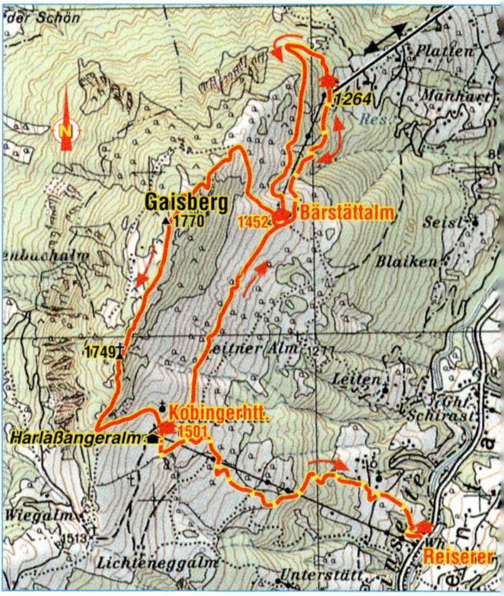

Von der Bergstation nach rechts und auf dem „Kaiserblickweg" in weitem Bogen zur Bärstättalm (1452 m). Hierher auch unmittelbar von der Bergstation (¼ Std. kürzer), „Umweg" lohnt jedoch. Von der Alm (Jausenstation) mit gutem Höhengewinn zum vorgeschobenen Kreuz (Rastbank) und zum ersten Gipfel. Richtung Süd über den breiten Gratrücken, herrliches Spielgelände für Kin-

Reizvolle Rundwanderung mit prachtvoller Aussicht – zum Wilden Kaiser, zum Alpenhauptkamm, aber auch zur dunklen Berggestalt des Großen Rettensteins in den Kitzbühler Alpen. Für Kinder ist die abwechslungsreiche Wanderung gut geeignet.

der. Man erreicht einen zweiten ausgeprägten Gipfel (1749 m, Gipfelkreuz).

Abstieg
Über den „Nagillerweg“ ziemlich steil in eine Einsattelung. Wenig später erreicht man die Kobingerhütte (1504 m, Berggasthaus). Oberhalb die Wallfahrtskapelle „Mariä Heimsuchung am Harlassanger“. Der Wanderweg quert nun die Ostflanke des Gaisbergs zur Bärstättalm, von der man geradewegs, teilweise ziemlich steil und rau, zur Bergstation zurückkehrt.

Varianten
a) Abstieg von der Kobingerhütte in den Talboden zum Gasthof Reiserer. Bushaltestelle. Gleiche Zeit. Ab 6 Jahren.

Von der Wanderung an diesem Tag gut zu sehen: Weltmeisterschaft im Ballonfahren in Kirchberg.

Brechhorn, 2032 m

Ein mächtiger aussichtsreicher Gipfel mit kinderfreundlichem Aufstieg

Kindereignung: Ab 10 Jahren
Gehzeit: ↑ 2½ + ↓ 2 = 4½ Std.
Höhenunterschied: ↑ ↓ 500 m
Talort: Westendorf, 783 m
Auskünfte: Tourismusverband A-6363 Westendorf, Tel. +43/5334/6230, Fax 2390; E-Mail westendorf@skiwelt.at
Landkarte: KOMPASS-WK Nr. 29 „Kitzbüheler Alpen" (1:50000)
Ausgangspunkt: Bergstation der „Alpenrosenbahn", 1814 m
Anfahrt: Ausfahrt Wörgl-Ost der Inntal-Autobahn – Brixental – Westendorf – Talstation. Mit der Gondelbahn zum Ausgangspunkt.

Vom Beginn an aussichtsreiche Wanderung auf einen beherrschenden Gipfel im Kamm zwischen Windautal und Spertental. Herrliche Spielplätze während der ganzen Bergwanderung, insbesondere aber rund um das Brechhornhaus. Keine alpinen Schwierigkeiten, teilweise aber ziemlich steil. Kinder bei Bedarf sichern (▸ S. 8).

Aufstieg

Über eine kleine Kuppe (Laubkogel, 1769 m) in die Höhningerscharte (1723 m). Bequem durch die Nordostflanke des Fleiding in eine Einsattelung (Einködlscharte, 1700 Meter) und zum Brechhornhaus (1660 m). Auf einem Wiesenweglein hinunter zum Kreuzjoch (1619 m). Nun aber endlich Höhengewinn! Über eine Steilstufe (unangenehm bei Nässe) in sanfteres Gelände. Über den Schledererkopf (1802 m) zum Südrücken, von dem man zum Ostrücken

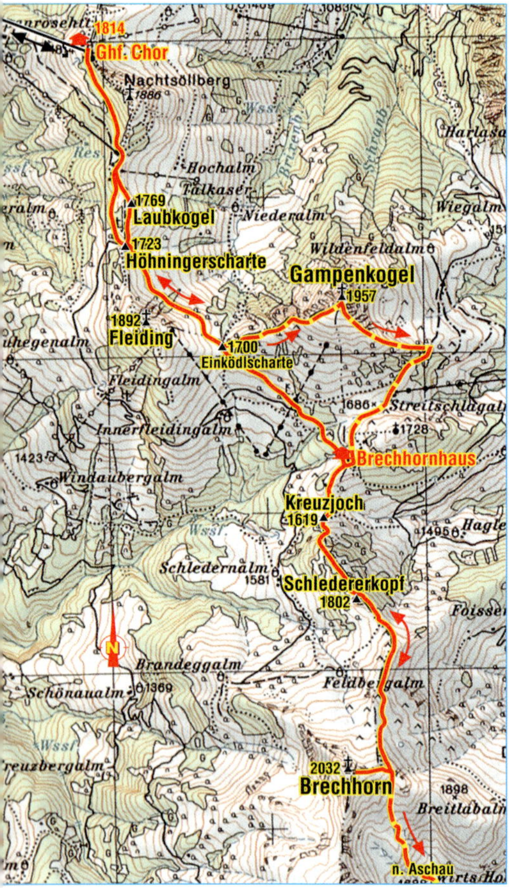

des Brechhorns einbiegt. Kurz und steil zum Gipfel (2032 m, großes Gipfelkreuz, Gipfelbuch). Prachtvolle Aussicht mit dem düsteren Rettenstein vor den gleißenden Gletschern des Großvenedigers als Blickfang.

Abstieg

Wie Aufstieg.

Varianten

● a) Abstieg in den Unteren Grund, den man südlich von Aschau erreicht. 10 Minuten zur Bushaltestelle. Kaum länger als Rückkehr zur Bergstation. Ab 10 Jahren.

● b) Gampenkogel, 1957 m. Über den Gipfel zum Brechhornhaus und zurück zur Bergstation. ↑ 1 + ↓ 1¾ = 2¾ Std. Ab 6 Jahren.

● c) Brechhornhaus, 1660 m. Ab 4 Jahren, Kraxenkinder mit Laufpausen ab 2 Jahren. 1 + 1 = 2 Std. Herrliches Spielgelände, kleiner See oberhalb der Hütte.

Anmerkung:

Brechhornhaus, 1660 m. Privat. Bewirtschaftet Dezember bis Oktober. 50 Schlafplätze.
Tel. +43/664/3807011

Nur am Beginn der Wanderung müssen wir eine Forststraße benützen.

Kurz unter dem Schafsiedel. Im Mittelgrund der Obere Wildalmsee, im Hintergrund der Rettenstein.

Unterer Wildalmsee, 1937 m

Bergwanderung mit Steigerungsstufen

Kindereignung: Ab 8 Jahren
Gehzeit: ↑ 2½ + ↓ 1¾ = 4¼ Std.
Höhenunterschied: ↑ ↓ 800 m
Talort: Kelchsau, 790 m
Auskünfte: Tourismusverband A-6361 Kelchsau, Tel. +43/5335/8105, Fax 8156
Landkarte: KOMPASS-WK Nr. 29 „Kitzbüheler Alpen" (1:50000)
Ausgangspunkt: Gasthof Wegscheid, 1148 m
Anfahrt: Abfahrt Wörgl-Ost der Inntal-Autobahn – Hopfgarten im Brixental – Kelchsau – Zwiesel. Durch den Kurzen Grund (Mautstraße) zum Gasthof Wegscheid und zum Parkplatz oberhalb des Gasthofes.

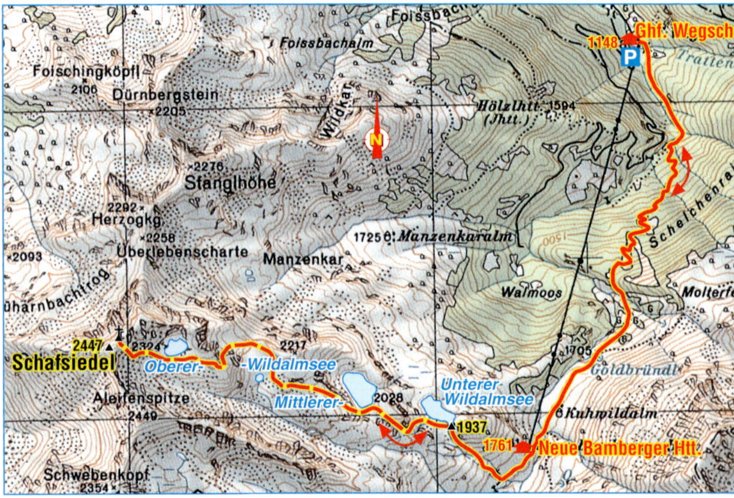

Aufstieg

Vom Parkplatz den Wegtafeln „Neue Bamberger Hütte" folgen. Teils auf dem Fahrsträßchen, meist aber auf schö-

„Ausbaufähige“ Bergwanderung mit Verlängerungen zum Mittleren und Oberen Wildalmsee. Durchwegs herrliche Spielplätze! Nach einer Nächtigung in der Neuen Bamberger Hütte ist auch der Schafsiedel (2447 m) in der Reichweite von Kindern.

nem Fußweg zur Hütte (1761 m). Weiter im Tal in Richtung Salzachjoch, dann nach rechts und ziemlich steil zum Unteren Wildalmsee (1937 m). Herrliche Spielplätze rund um den See. Schöner Blick auf nahe Gipfel wie Kröndlhorn und Dristkopf, darüber lugen Groß- und Kleinvenediger sowie Geiger und Happ hervor.

Abstieg

Wie Aufstieg.

Varianten

- a) ROT Mittlerer Wildalmsee, 2028 m. Ab 10 Jahren. Insgesamt 4¾ Std.
- b) ROT Oberer Wildalmsee, 2324 m. Ab 10 Jahren. Insgesamt 5¼ Std.
- c) ROT Schafsiedel, 2447 m. Insgesamt 6½ Std. Nur für ungewöhnlich ausdauernde Kinder ab 10 Jahren oder nach Nächtigung in der Bamberger Hütte.
- d) BLAU Neue Bamberger Hütte, DAV, 1761 m. ↑ 1¾ + ↓ 1¼ = 3 Std. Ab 6 Jahren.

Anmerkung

Neue Bamberger Hütte, DAV, 1761 m. Bewirtschaftet von Pfingsten bis Mitte Oktober. 90 Schlafplätze. Anschrift: A-6361 Hopfgarten im Brixental Tel. +43/664/4559469.

Steil durch den Wald – ganz schön anstrengend für den Kraxenträger!

Breiteggern, 1981 m

Bergwanderung für junge Gipfelsammler

Kindereignung: Ab 8 Jahren
Gehzeit: ↑ 2½ + ↓ 2 = 4½ Std.
Höhenunterschied: ↑ ↓ 850 m
Talort: Wildschönau, 890 m
Auskünfte: Tourismusverband A-6311 Wildschönau, Tel. +43/5339/82550, Fax 2433; E-Mail info@wildschoenau.tirol.at
Landkarte: KOMPASS-WK Nr. 28 „Achensee-Rofan-Zillertal" (1:50000)
Ausgangspunkt: Schönangeralm, 1173 m (Jausenstation)
Anfahrt: Ausfahrt Wörgl-West der Inntal-Autobahn – Wörgl – Wildschönau – Ortsteil Schwarzenau (938 m). Bushaltestelle. Schmale Bergstraße zur Jausenstation Schönangeralm (1173 m), großer Parkplatz.

Aufstieg

Nahe der Alm (Schaukäserei, Einkaufsmöglichkeit) auf schönem Weg weit nach links ausholend zur Breiteggalm (1529 Meter) und über Almwiesen zur Kleinneubergalm (auch „Breiteggalm-Hochleger", 1698 m). Über eine steile Flanke führt unser Weg in eine Einsattelung nördlich der Wildkarspitze und weiter zum Gipfelkreuz, auf dem unser Berg als „Breitegg Gern" bezeichnet wird.

Abstieg

Auf dem Anstiegsweg zurück in die Einsattelung. Nun überschreiten wir die Wildkarspitze

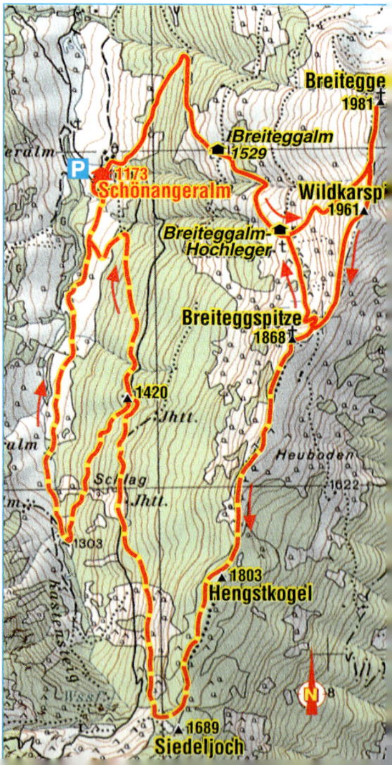

Reizvolle Almwanderung mit dreifacher Gipfelausbeute. Teilweise schmale und steile Pfade, aber keine alpinen Schwierigkeiten. Für Kinder gibt es immer wieder schöne und gefahrlose Spielplätze. Während der notwendigen Spielpausen können die erwachsenen Begleiter die prachtvolle Aussicht – vom Bergrücken in die Hohen Tauern – genießen.

(1961 m). Kurzer Stichweg zum Kleinberger Niederhorn (1868 m, auch „Breiteggspitze"). In der Flanke zur Kleinneubergalm auf dem Anstiegsweg zurück zum Ausgangspunkt.

Varianten

- a) Abstieg vom Kleinberger Niederhorn über den Hengstkogel (1803 m) in das Siedeljoch, 1689 m. In der Nordostflanke oder im Talboden zur Schönangeralm zurück. 1 Stunde länger. Ab 10 Jahren.
- b) Breiteggspitze, 1868 m. Über Breiteggalm und Kleinneubergalm (= Breiteggalm-Hochleger) zum Gipfelkreuz. 1 Stunde kürzer, ab 6 Jahren.

Gemütliche Rast inmitten von Heidelbeerstauden und Almrosen.

Wiedersberger Horn, 2127 m

Kurz und lustig!

Kindereignung: Ab 6 Jahren
Gehzeit: ↑ 1 + ↓ 1 = 2 Std.
Höhenunterschied: ↑ ↓ 300 m
Talort: Alpbach, 975 m
Auskünfte: Tourismusverband A-6236 Alpbach, Tel. +43/5336/5210, Fax 5211200; E-Mail: info@alpbach-tirol.at
Landkarte: KOMPASS-WK Nr. 28 „Achensee-Rofan-Zillertal“ (1:50000)
Ausgangspunkt: Bergstation der Gondelbahn „Wiedersberger Horn“, 1810 m
Anfahrt: Ausfahrt Kramsach der Inntal-Autobahn – Brixlegg – Talstation der Gondelbahn „Wiedersberger Horn“ (noch vor Alpbach). Große Parkplätze.
Bushaltestelle. Mit der Gondelbahn (zwei Teilstrecken) zur Bergstation.

Bergwanderung auf spannenden Wegen. Selbst eine „Kraxeleinlage“ fehlt nicht. Kinder nach Bedarf sichern (▸ S. 8). Ein toller Gipfel, herrliche Spielplätze an winzigen Seen, Kletterfelsen unterschiedlicher Höhe und Schwierigkeit – was will man mehr, wenn man mit Kindern unterwegs ist?

Aufstieg

Von der Bergstation auf breitem Weg über den behäbigen Rücken zum Beginn des Grates, der zum Wiedersberger Horn führt. Mit gutem Höhengewinn zur einzigen „Kletterstelle“ des Aufstiegs, einer beiderseits durch Drahtseile versicherten felsigen Steilstufe. Danach auf schmalem Weglein zum Gipfelkreuz.

Abstieg

Über den Südrücken zu einer Jausenstation. Rundum schöne Spielplätze, Mini-Seen und Kletterfelsen. Nach gebührend langer Spielpause auf der Westseite des Wiedersberger Horns zu einer Wegverzweigung. Nach rechts abbiegen und in der Nordflanke des Horns (kurzer Gegenanstieg) zurück zum Aufstiegsweg. Über diesen in wenigen Minuten zur Bergstation der Gondelbahn.

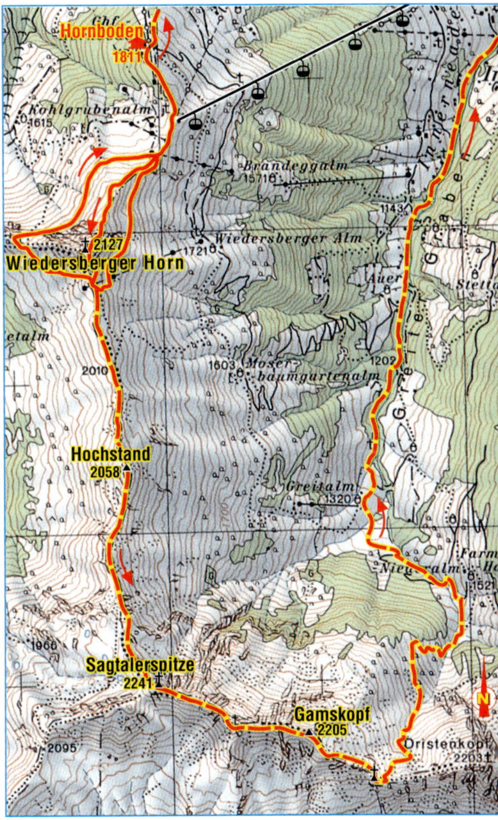

Varianten

- a) Panoramaweg „Wiedersberger Horn“. Auf dem beschriebenen Abstiegsweg (Westseite des Horns) zur Jausenstation und auf der Ostseite zurück. Ab 4 Jahren. 1¾ Std.
- b) „Teichwanderweg“. Spannend für Kinder: Teiche, Spielgeräte. Von der Bergstation der Gondelbahn zur Mittelstation (1350 m). Ab 4 Jahren. 1 Std.
- c) Sagtalerspitze, 2241 m. Vom Wiedersberger Horn über die Gratverbindung. Abstieg auf leichtem Klettersteig über den Gamskopf (2205 m) ins Tristenjoch und weiter nach Inneralpbach. Bushaltestelle. Ab 10 Jahren. Insgesamt 5 Std.

Gratlspitze, 1899 m

„Klettereinlagen“ als Motivationshilfe

Kindereignung: Ab 10 Jahren
Gehzeit: ↑ 2½ + ↓ 2 = 4½ Std.
Höhenunterschied: ↑ ↓ 950 m
Talort: Alpbach, 975 m
Auskünfte: Tourismusverband A-6236 Alpbach, Tel. +43/5336/5210, Fax 5211200; E-Mail info@alpbach-tirol.at
Landkarte: KOMPASS-WK Nr. 28 „Achensee-Rofan-Zillertal“ (1:50000)
Ausgangspunkt: Böglerhof, 980 m
Anfahrt: Ausfahrt Kramsach der Inntal-Autobahn – Brixlegg – Alpbach. Parkplätze unterhalb des Dorfes. Parkplätze „für Gäste“ beim Böglerhof. Bushaltestelle.

Aufstieg

Nach dem Böglerhof links abbiegen. Über Wiesen, zuletzt auf einem Fahrsträßchen zum letzten Hof („Hausberg“, kleine Kapelle). Über die Wiese, dann steil durch Wald in eine Scharte südöstlich des Gipfels. Das Gipfelkreuz ist schon zu sehen! Teilweise felsig und steil zum höchsten Punkt.

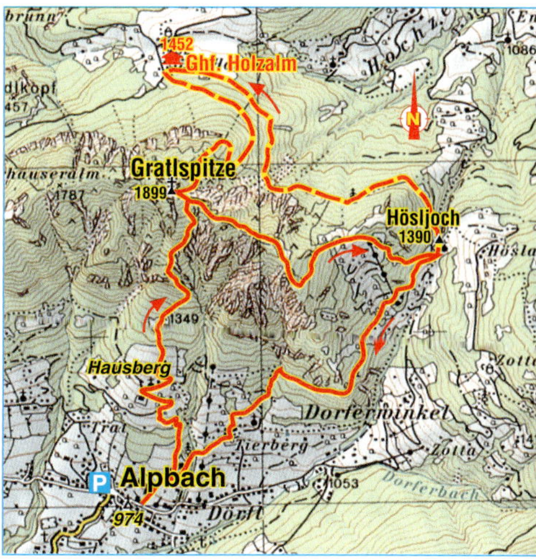

Mini-See unterhalb des Wiedersberger Horns. In der Bildmitte das Kellerjoch.

Auf den schweißtreibenden Steilanstieg am Beginn folgt eine genussvolle Wanderung über einen Höhenrücken. Für Kinder erfreulich: Mehrmals erfordert felsdurchsetztes Gelände (wenig ausgesetzt) Trittsicherheit. Kinder nach Bedarf sichern (▸ S. 8).

Abstieg

Auf dem Anstiegsweg in die Einsattelung, dann weiter über den Gratrücken (zwei kleine Gegenanstiege). Zuletzt steil ins Hösljoch (1390 m). Vom Joch auf einem Fahrsträßchen, dann nach rechts auf dem „Steinweg" zu einer Wegverzweigung. Nach links, ziemlich steil (sparsam markiert) durch den Wald. Man erreicht den „Lärchenweg" und über ihn einen großen Hof. Weiter über Wiesen, bis man bei einem kleinen Schlepplift auf den Anstiegsweg stößt.

Varianten

a) Gratlspitz (1899 m) von Brixlegg. Mit PKW zum Holzalmhaus (1452 m). Beschränkte Parkmöglichkeit. Kurzer Weg zum Gipfel. Abstieg gleichfalls zum Hösljoch, dann nach links und zurück zur Holzalm. 1½ + 1½ = 3 Std. Ab 6 Jahren.

b) Hösljoch (1390 m) über Lärchenweg und Steinweg. Ab 6 Jahren. Insgesamt 2½ Std.

Auf der Gratlspitze mit Blick zum Galtenberg.

Isskogel, 2263 m

Bergwanderung mit Option „Wilde Krimml“

Kindereignung: Ab 8 Jahren
Gehzeit: ↑ 1¼ + ↓ 2¼ = 3½ Std.
Höhenunterschied: ↑ 450, ↓ 1000 m
Talort: Gerlos, 1245 m
Auskünfte: Tourismusverband A-6281 Gerlos, Tel. +43/5284/52440, Fax 524424; E-Mail tourismusverband.gerlos@telecom.at
Landkarte: KOMPASS-WK Nr. 28 „Achensee-Rofan-Zillertal“ (1:50000)
Ausgangspunkt: Bergstation Sesselbahn „Isskogel“, 1810 m
Anfahrt: Ausfahrt Zillertal der Inntal-Autobahn – Zell am Ziller – Gerlos. Talstation der Seilbahn 1 km nach dem Ortszentrum. Bushaltestelle. Mit dem Doppel-Sessellift zur Bergstation.

Der Isskogel ist ein ansehnlicher Gipfel im Kamm, der zum Kreuzjoch führt. Der Abstieg führt in die „Wilde Krimml“. Diese eigenartige Seenlandschaft ist im Sommer reizvoller als im Winter. Der Wandergenuss wird beim Zustieg allerdings „optisch gestört“ durch ein Spinnennetz von Sesselliften und unschönen Fahrwegen.

Aufstieg

Von der Bergstation über etwas feuchte Wiesen durch das Liftgebiet zu dem begrasten Rücken, der unschwierig zum Gipfelkreuz führt. Eindrucksvoller Nahblick zur Wildkar- und Reichenspitze.

Abstieg

Vom Gipfel knapp 10 Min. über den Rücken, dann nach rechts abzweigen. Ziemlich steil zur Krimmlalm (2063 m).

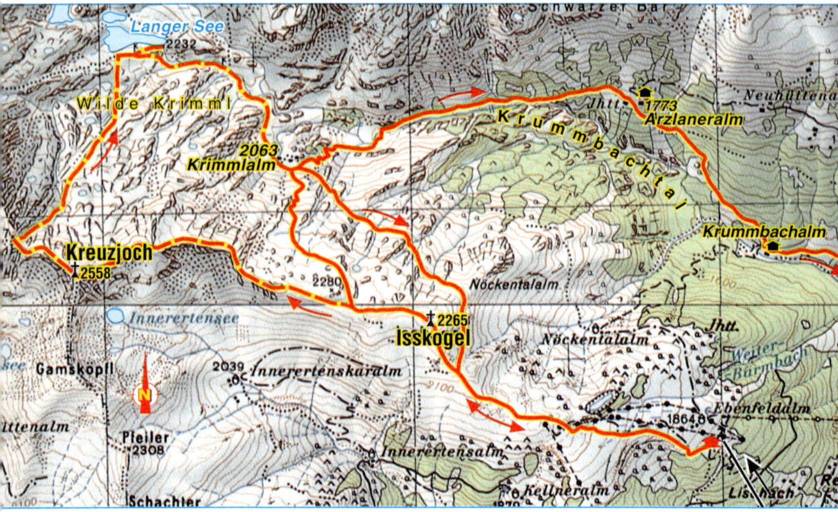

Weiter durch das Tal (bei Einheimischen „Wildes Teufeltal") zur Arzlaneralm. Nach rechts abbiegen. Durch Wald zur Jausenstation „Krummbachrast" und zurück zur Talstation.

Varianten

- a) Kurzer Abstieg: Von der Krimmlalm in der Nordflanke des Isskogels zum Anstiegsweg queren und zur Bergstation absteigen. Ab 6 Jahren.
- b) Langer See, 2232 m. Herrliche Spielplätze. Von der Krimmlalm hin und zurück 1 Std. Ab 10 Jahren.
- c) Kreuzjoch, 2558 m. Vom Isskogel über den Gratrücken. Trittsicherheit erforderlich (auf den Wegtafeln etwas übertrieben als „schwierig" bezeichnet). Kinder nach Bedarf sichern (▸ S. 8). Abstieg in die Wilde Krimml, durch das Krummbachtal zur Talstation. Insgesamt 5¾ Std. Für ausdauernde Jungbergsteiger ab 10 Jahren.

Im Notfall …

Notruf über das Handy:
140 = Bergrettung, 112 = Euro-Notruf.

Malerischer Bergsee in der Wilden Krimml.

Reichenspitzgruppe vom Arbiskogel.

Kirchspitze, 2312 m

Bergwanderung im Blaubeerenparadies

Kindereignung: Ab 6 Jahren
Gehzeit: ↑ 1¾ + ↓ 1½ = 3¼ Std.
Höhenunterschied: 550 m
Talort: Gerlos, 1245 m
Auskünfte: Tourismusverband A-6281 Gerlos, Tel. +43/5284/52440, Fax 524424; E-Mail tourismusverband.gerlos@telecom.at
Landkarte: KOMPASS-WK Nr. 37 „Zillertaler Alpen-Tuxer Alpen“ (1:50000)
Ausgangspunkt: Bergstation Fürstalm, 1810 m
Anfahrt: Ausfahrt Zillertal der Inntal-Autobahn – Zell am Ziller – Gerlostal bis Talstation der Fürstalmbahn (Bushaltestelle) kurz nach Gmünd (1204 m). Mit der Doppel-Sesselbahn zur Bergstation.

Den hohen und schroffen Zillertaler Alpen sind gemütlichere Gipfel vorgelagert. Dazu gehören Arbiskogel und Kirchspitze. Die Aufstiege lassen sich zu einer hübschen Rundwanderung verbinden. Diese Rundwanderung wird auf den Wegtafeln etwas irreführend als „schwierig“ bezeichnet. Tatsächlich gibt es nur eine seilversicherte Stelle unterhalb der Kirchspitze, bei der jüngere Kinder nach Bedarf gesichert werden. Zur richtigen Zeit (Mitte August bis Mitte September) verzögern übrigens die vielen reifen Blaubeeren (auch „Heidelbeeren“ oder „Schwarzbeeren“) den Gipfelsieg.

Aufstieg

Auf dem Wanderweg zu einer Wegverzweigung. Zwei Wege zur Kirchspitze: Gemütlicher durch eine Mulde oder (scharf nach rechts abzweigend) in der Trasse eines Schlepplifts. Die beiden Wege vereinigen sich unterhalb des Gipfelaufbaus. Ab hier ● markiert, jedoch nur etwas

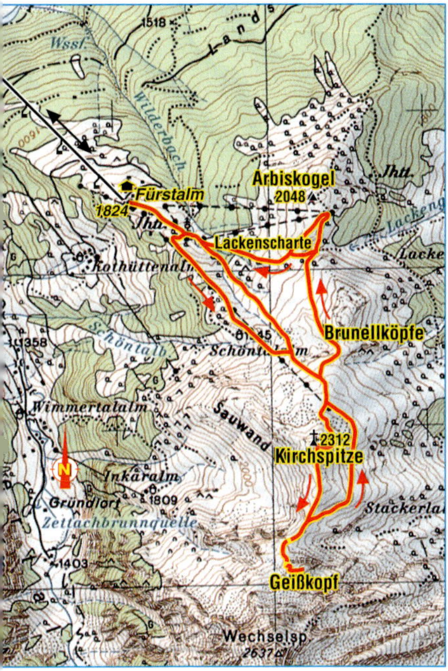

Trittsicherheit erforderlich. Beeindruckender Nahblick zur Reichenspitzgruppe. (Tipp: putzige Gipfelmäuse mit einem Käsestückchen aus den Felsspalten locken!)

Abstieg

Kurz zurück zur Wegverzweigung. Nach rechts und über den Südrücken in die Senke zwischen Kirchspitze und Geißkopf. Unterhalb der Kirchspitze zum Anstiegsweg zurück. Hier rechts haltend auf schmalem Weglein unterhalb der Brunellköpfe in die Lackenscharte und auf den Arbiskogel. Vom Gipfel nicht in die Scharte zurück, sondern schon vorher nach rechts zur Bergstation.

Varianten

- a) ROT Arbiskogel mit Rückkehr zur Bergstation. ↑ ¾ + ↓ ½ = 1¼ Std. Ab 4 Jahren, Kraxenkinder mit Laufpausen ab 2 Jahren.
- b) ROT Geißkopf, 2320 m. Weglos, Abstecher beim Abstieg von der Kirchspitze. Zusätzlich 1 Std. Ab 8 Jahren.

Gipfelmaus auf der Kirchspitze.

Gerlossteinwand, 2166 m

Leichter zu ersteigen als vermutet

Kindereignung: Ab 6 Jahren
Gehzeit: ↑ 1½ + ↓ 1¼ = 2¾ Std.
Höhenunterschied: ↑ ↓ 550 m
Talort: Zell im Zillertal, 575 m
Auskünfte: Tourismusverband A-6280 Zell im Zillertal, Tel. +43/5282/2221, Fax 228180; E-Mail tourist.info.zell@netway.at
Landkarte: KOMPASS-WK Nr. 37 „Zillertaler Alpen-Tuxer Alpen" (1:50000)
Ausgangspunkt: Bergstation der Gerlossteinbahn, 1620 m
Anfahrt: Ausfahrt Zillertal der Inntal-Autobahn – Zell am Ziller – Richtung Gerlospass zur Talstation in Hainzenberg. Bushaltestelle. Mit der „Tandem-Pendelbahn" zum Ausgangspunkt.

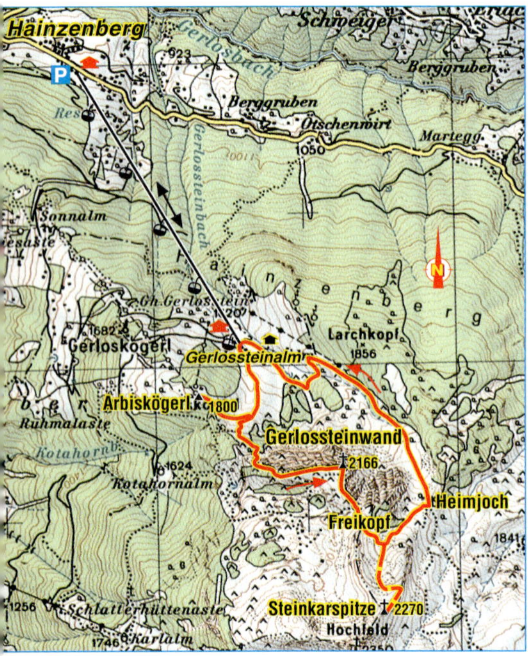

Aufstieg

Von der Bergstation über sanftes Almgelände zur eindrucksvollen Wand. Im rechten Wandteil ziemlich steil durch einen Latschengürtel zum Westrücken. Nahe des steilen Felsabbruches (Kinder im Auge behalten!) zum großen Gipfelkreuz.

Wenn man die schroffe Gerlossteinwand vor sich sieht, meint man nicht, dass man sie mit Kindern problemlos ersteigen kann. Ebenso erstaunlich ist das weitläufige Gipfelplateau, ein schönes Spielgelände. Kinder nach Bedarf sichern (▸ S. 8).

Abstieg

Nach leichtem Höhenverlust in eine Einsattelung. Kurzzeitig etwas steil in Kehren durch die Flanke ins Heimjoch absteigen. Um die Gerlossteinwand herum zur Gerlossteinalm. Durch Latschen und Wald zurück zur Bergstation.

Varianten

- a) Arbiskögerl, etwa 1800 m. Wie zur Gerlossteinwand bis zu einer Wegverzweigung. Nach rechts zum Arbiskögerl. Ab 4 Jahren, Kraxenkinder mit Laufpausen ab 2 Jahren. ↑ ¾ + ↓ ½ = 1¼ Std.
- b) Steinkarspitze, etwa 2270 m. Abzweigung nach der Einsattelung unterhalb des Freikopfs. Markiertes Weglein. Hin und zurück 1 Std. Ab 8 Jahren.

Senkrecht bricht die Gerlossteinwand nach Norden ab. Da ist es ganz angenehm, wenn die Omi die Hand hält.

Tour 28

Zillertaler Alpen

Ahornspitze, 2973 m

Kühner Gipfel für ausdauernde Jungbergsteiger

Kindereignung: Ab 10 Jahren
Gehzeit: ↑ 3¼ + ↓ 2¼ = 5½ Std.
Höhenunterschied: ↑ ↓ 1050 m
Talort: Mayrhofen, 633 m
Auskünfte: Tourismusverband A-6290 Mayrhofen, Tel. +43/5285/6760, Fax 676033; E-Mail mayrhofen@zillertal.tirol.at
Landkarte: KOMPASS-WK Nr. 37 „Zillertaler Alpen-Tuxer Alpen“ (1:50000)
Ausgangspunkt: Bergstation „Ahornbahn“, 1955 m
Anfahrt: Ausfahrt Zillertal der Inntal-Autobahn – Mayrhofen/Ausfahrt Süd – Ahornbahn (Hinweisschilder). Bushaltestelle, Bahnstation (Zillertalbahn). Parkplätze bei der Talstation. Mit der Kabinenbahn zum Ausgangspunkt.

Der Aufstieg zur Ahornspitze ist anstrengend. Eine Nächtigung in der Edelhütte (2238 m), DAV, teilt ihn angenehm auf und rückt den Gipfel in die Reichweite jüngerer Kinder. Im letzten Teil des Aufstiegs Kinder nach Bedarf sichern (▸ S. 8). Empfehlenswert ist die Benützung der „Bergsteigergondel“, bei Schönwetter um 7 Uhr; am Vortag ab 17 Uhr anrufen: +43/5285/62633-16 (Tonbandauskunft).

Aufstieg

Von der Bergstation quert der Weg unterhalb des Filzenkogels (2227 m) in das Föllenbergkar (auch „Fellenbergkar“), durch das wir zur Edelhütte (2238 m) aufsteigen. Weiter auf dem Weglein zum Gipfelaufbau. Steil (gelegentlich Seilversicherungen) in eine Einsattelung und nach links zum Gipfelkreuz.

Abstieg

Wie Aufstieg.

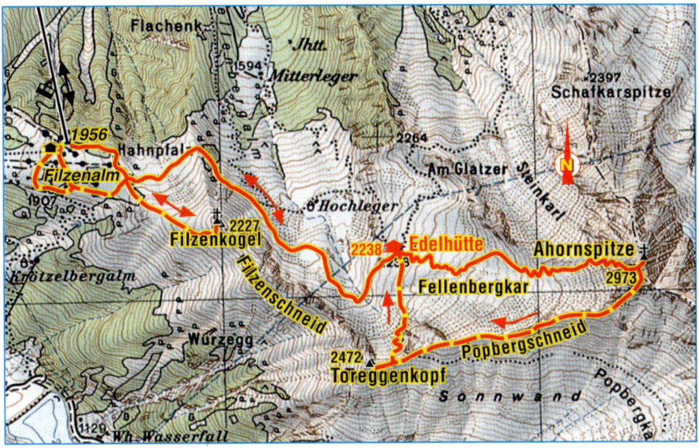

Varianten

- a) Abstieg über die Popbergschneid. Zurück in die Einsattelung, um einen auffälligen steilen Felspfeiler herum zu einem großen Steinmann (= Südgipfel). Abstieg durch Gratverlauf vorgegeben. In der Scharte vor dem Toreggenkopf (Popbergnieder, 2448 m) nach rechts ins Kar (Seilversicherungen) und zur Edelhütte queren. 1 Std. länger. Für besonders gehtüchtige Kinder ab 10 Jahren.
- b) Toreggenkopf, 2472 m. Von der Edelhütte auf markiertem Weglein in die Popbergscharte (Seilversicherungen). Über den Kamm unschwierig zum Gipfel. Ab 8 Jahren. ↑ 2 + ↓ 1½ = 3½ Std.
- c) Filzenkogel, 2227 m. Von der Bergstation ↑ ¾ + ↓ ½ = 1¼ Std. Ab 4 Jahren, Kraxenkinder mit Laufpausen ab 2 Jahren (steil!).
- d) Zur Karl-von-Edel-Hütte (2238 m), DAV, bewirtschaftet Mitte Juni bis Ende September. 82 Schlafplätze. Tel. +43/663/9154851. Ab 6 Jahren. ↑ 1¼ + ↓ 1 = 2¼ Std.
- e) Panorama-Rundwanderweg am Ahorn. Ab 4 Jahren, Kraxenkinder mit Laufpausen ab 2 Jahren. Mit blauen Farbpunkten markiert. 1 Std. „Kinderland am Ahorn“ nahe der Bergstation.

Auf dem Nordgipfel der Ahornspitze.

*Friesenbergsee,
darüber das Friesenberghaus
des Deutschen Alpenvereins.*

Friesenberghaus, 2477 m

Zwei Hütten und ein Bergsee am Berliner Höhenweg

Kindereignung: Ab 10 Jahren
Gehzeit: ↑ 3¾ + ↓ 1¾ = 5½ Std.
Höhenunterschied: 900 m
Talort: Ginzling, 985 m
Auskünfte: Tourismusverband A-6295 Ginzling-Dornauberg, Tel. +43/5285/6750, Fax 676033;
E-mail: mayrhofen@zillertal.tirol.at
Landkarte: KOMPASS-WK Nr. 037 „Mayrhofen-Tuxer Tal-Zilleregrund“ (1:25000)
Ausgangspunkt: Speicher Schlegeis, 1782 m
Anfahrt: Ausfahrt Zillertal der Inntal-Autobahn – Mayrhofen – Ginzling – Speicher Schlegeis („Schlegeis-Alpenstraße“, bemautet). Bushaltestelle. Am See entlang, Parkmöglichkeit gegenüber der Wegtafel „Olpererhütte“.

Der „Berliner Höhenweg“ führt in bedeutender Höhe bis zur Gamshütte oberhalb von Finkenberg. Unsere Wanderung ist kürzer und wird dreimal angenehm unterbrochen: nach dem Aufstieg vom Speicher Schlegeis bei der urigen Olpererhütte (2388 m), dann beim Friesenbergsee (herrliches Spielgelände!) und schließlich bei der Friesenberghütte.

Aufstieg

Vom Parkplatz durch den Riepenwald und im Wechsel zwischen Kehren und ansteigenden Querungen zur Olpererhütte. Oberhalb der Hütte nach rechts zum Berliner Höhenweg. Mit herrlichem Blick in die Gletscherwelt der Zillertaler Alpen in leichtem Auf und Ab zum höchsten Punkt unserer Wanderung (2620 m). In Kehren hinunter zum Friesenbergsee. Kurzer Gegenanstieg zur Schutzhütte oder (Wegspuren) zum Abstiegsweg queren.

Abstieg

Im oberen Teil anregend über Blöcke und Platten zur Friesenbergalm (2036 m) und zur Waldgrenze. Vorbei an einem Wasserfall zur Dominikushütte. Auf der „Seepromenade“ zum Ausgangspunkt (¼ Std.) – oder Einkehr und Papa holt das Auto.

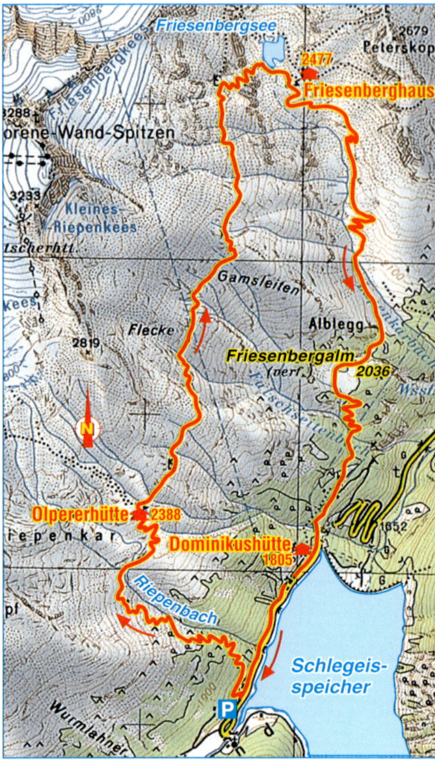

Varianten

a) ● Friesenbergsee, 2444 m. Von der Dominikushütte. Der See liegt etwas unterhalb der Hütte. Hin und zurück 4 Std. Ab 8 Jahren.

b) ● Olpererhütte, 2388 m. Haflinger, Hühner – und Kletterfelsen für jede Altersstufe. Hin und zurück 3 Std. Ab 6 Jahren.

Anmerkung:

Friesenberghaus, DAV, 2477 m. 41 Schlafplätze, bewirtschaftet Mitte Juni bis Ende September. Tel. +43/663/66133. – Olpererhütte, DAV, 2388 m. Anf. Juni bis Anf. Oktober. 40 Schlafplätze. Tel. +43/664/3706709

Im Notfall …

Der „Alpine Notruf“: 6 optische oder akustische Zeichen in der Minute oder ein Notruf über das Handy: 140 = Bergrettung, 112 = Euro-Notruf.

Pfannköpfl, 2388 m

Lustiger Abstecher für geschickte Kraxler

Kindereignung: Ab 8 Jahren
Gehzeit: ↑ 1½ + ↓ 2 = 3½ Std.
Höhenunterschied: ↑ 450, ↓ 900 m
Talort: Hintertux, 1493 m
Auskünfte: Tourismusverein A-6293 Tux, Tel. +43/5287/8506, Fax 8508; E-Mail info@tux.at
Landkarte: KOMPASS-WK Nr. 37 „Zillertaler Alpen-Tuxer Alpen“ (1:50000)
Ausgangspunkt: Bergstation „Sommerbergalm“, 2028 m
Anfahrt: Ausfahrt Zillertal der Inntal-Autobahn – Mayrhofen – Hintertux – Hintertuxer Gletscherbahn. Bushaltestelle. Mit der ersten Teilstrecke der Gondelbahn zur Bergstation.

Eltern mit entsprechender Bergerfahrung sollten ihren Kindern diese vergnügliche Kletterei auf das Pfannköpfl gönnen. Kinder natürlich sichern (▸ S. 8). Viel Freude haben Kinder auch mit den vielen Murmeltieren beiderseits des Weges zum Tuxer-Joch-Haus. Zum Abschluss ist noch ein toller Wasserfall zu bewundern.

Aufstieg

Von der Bergstation teilweise auf Schottersträßchen, teilweise auf abkürzenden markierten Pfaden, zum Tuxer-Joch-Haus (2310 m). Zustieg auf einem Weglein, dann in leichter Blockkletterei auf das Pfannköpfl.

Abstieg

Natürlich kann man auf dem Anstiegsweg zum Schutzhaus zurückkehren. Eindrucksvoller für die Kinder ist die Überschreitung des Pfannköpfls. Weglos zu einem winzigen Seelein und zum Fahrweg hinunter, den man bald nach rechts verlässt und nach einer Bachüberquerung

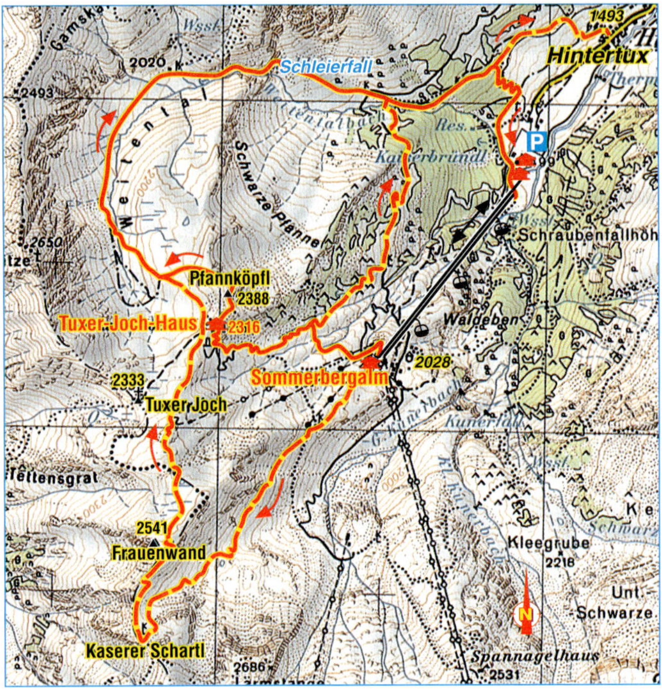

wieder erreicht. Er endet wenig später. Oberhalb einer Bachschlucht queren, dann etwas steiler (beiderseits Seilversicherungen) zum „Schleierfall-Blick" hinunter. Kurzzeitig wieder Fahrweg, dann nach links in Richtung Hintertux. Zweimal nach rechts abzweigend zurück zur Talstation.

Varianten

- a) Verzicht aufs Pfannköpfl, Abstieg vom Tuxer-Joch-Haus zum Schleierfall und zur Talstation. Ab 6 Jahren. ↑ 1 + ↓ 2 = 3 Std.
- b) Zum Tuxer-Joch-Haus und zurück. Ab 4 Jahren, Kraxenkinder mit Laufpausen ab 2 Jahren. ↑ 1 + ↓ ¾ = 1¾ Std. Murmeltiere beiderseits des Weges!
- c) Frauenwand, 2541 m. Von der Sommerbergalm über das Kaserer Schartl. Abstieg über Tuxer-Joch-Haus nach Hintertux. Ab 10 Jahren. Insgesamt 4½ Std.

Aufstieg zum Pfannköpfl – kurz, aber lustig!

Gondel der Gletscherbahn vor der eindrucksvollen Lärmstange.

Auf dem „Wasserfallweg“

Attraktionen auf dem Weg nach Hintertux

Kindereignung: Ab 6 Jahren
Gehzeit: ↑ 2¼ St.
Höhenunterschied: ↓ 1150 m
Talort: Hintertux, 1493 m
Auskünfte: Tourismusverein A-6293 Tux, Tel. +43/5287/8506, Fax 8508; E-Mail info@tux.at
Landkarte: KOMPASS-WK Nr. 37 „Zillertaler Alpen-Tuxer Alpen“ (1:50000)
Ausgangspunkt: Bergstation „Tuxer-Ferner-Haus“, 2610 m
Anfahrt: Ausfahrt Zillertal der Inntal-Autobahn – Mayrhofen – Hintertux – Talstation. Bushaltestelle. Mit zwei Teilstrecken der Gondelbahn zum Ausgangspunkt.

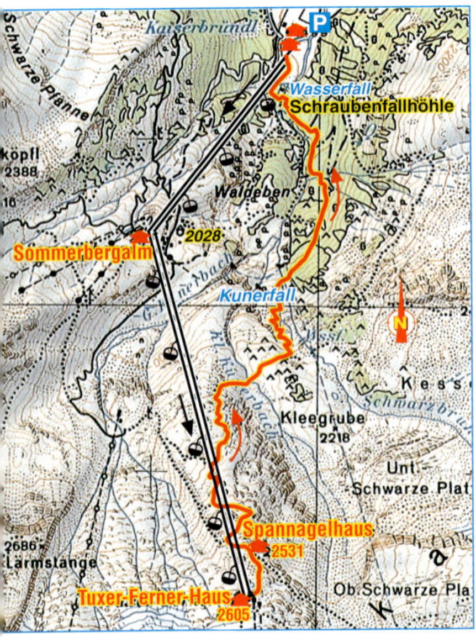

Abstieg

Der Weg führt uns zum Spannagelhaus und weiter talab. Er quert dann nach rechts. Nach einer Brücke (Abzweigung zum Spannagel-Klettersteig) sieht man beim weiteren Abstieg immer wieder Wasserfälle. Interessant ist auch das „Walfischmaul“, ein eigenartig gespaltener Felsblock. Eindrucksvoll der gewundene „Schraubenfall“, der sich schluchtartig sein Bett ausgehöhlt hat. Nach dem „Kesselfall“ erreicht man den Talboden und wenig später die Talstation der Gletscherbahn.

Eine „Abstiegswanderung“, daher trotz des großen Höhenunterschiedes nicht besonders anstrengend. Lohnend ist ein Besuch der Spannagelhöhle (neben dem Spannagelhaus, Eintritt nur mit Führung). Bei der Brücke über den Kleinen Kunerbach sieht man einen Hinweis: „Spannagel-Klettersteig“. Dieser Steig ist für Kinder ungeeignet, zwar kurz und gut abgesichert, aber glatter Fels, teilweise sehr ausgesetzt. Eventuell ein Abstecher für ältere Geschwister ab 14 Jahren, mit entsprechender Ausrüstung und Sicherung. Hin und zurück je nach Können der „Seilschaft“ 1½ – 2 Stunden, die den „Kleinen“ bei den herrlichen Spielplätzen rund um die Abzweigung wie im Fluge vergehen.

Varianten

- a) Abstieg von der Bergstation „Sommerbergalm“. 1 Std. Ab 4 Jahren, Kraxenkinder mit Laufpausen ab 2 Jahren.
- b) Besuch der Spannagelhöhle und Abstieg zur Talstation. 1 Std. länger. Ab 8 Jahren.

Schraubenfall auf dem Weg in den Talboden von Hintertux.

Grüblspitze, 2395 m

Reizvolle Rundwanderung in der Almregion

Kindereignung: Ab 6 Jahren
Gehzeit: ↑ 1½ + 1¼ ↓ = 2¾ Std.
Höhenunterschied: 450 m
Talort: Lanersbach, 1281 m
Auskünfte: Tourismusverband A-6293 Tux, Tel. +43/5287/8506, Fax 8508; E-Mail info@tux.at
Landkarte: KOMPASS-WK Nr. 37 „Zillertaler Alpen-Tuxer Alpen“ (1:50000)
Ausgangspunkt: Bergstation der Gondelbahn „Eggalm“, 1948 m
Anfahrt: Ausfahrt Zillertal der Inntal-Autobahn – Mayrhofen – Lanersbach. Bushaltestelle. Mit der Gondelbahn zum Ausgangspunkt.

Die Wanderung führt zwar „nur“ durch Almgelände, ist aber aussichtsreich und abwechslungsreich, sowohl beim Aufstieg über den Nordost- als auch beim Abstieg über den Südostrücken. Herrlicher Nahblick zu den Eisriesen rund um das Hintertuxer Gletscherskigebiet.

Aufstieg

Von der Bergstation auf steilem Fahrweg zur Bergstation eines Sessellifts (Winterbetrieb). Schöner Fußweg zum Nordostgrat und über den Gratrücken zum Gipfelkreuz. Links und rechts vom Gratrücken steile Bergwiesen, Kinder im Auge behalten!

Abstieg

Über den Südostrücken bis zu einer Kuppe (Waldhoarspitze) und weiter zur Waldhoaralm (wenn keine Einkehr geplant, bereits oberhalb nach links abzweigen). Teilweise mit leichtem Gegenanstieg kehrt man zur Bergstation zurück.

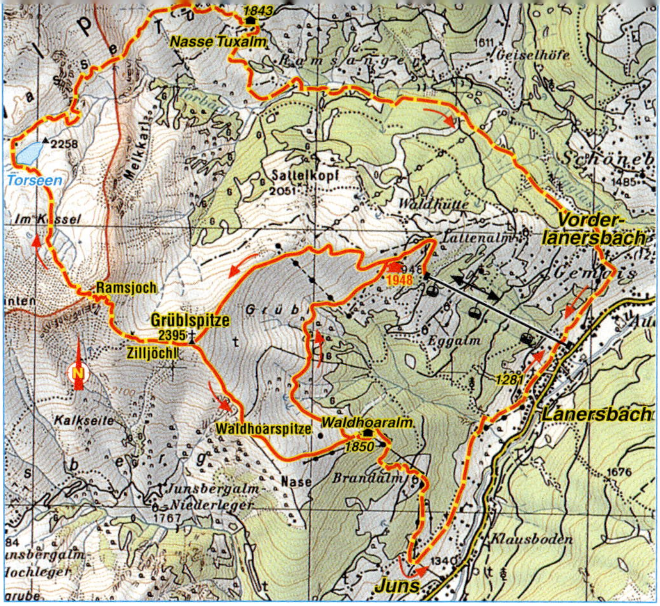

Varianten

- a) Abstieg auf dem Anstiegswege. Insgesamt 2¼ Std. Ab 4 Jahren, für Kraxenkinder mit Laufpausen ab 2 Jahren.
- b) Von der Grüblspitze über die Waldhoaralm (1850 Meter) nach Juns. Oberhalb des Tuxbaches zurück nach Lanersbach. Insgesamt 4 Std. Ab 8 Jahren.
- c) Über die Torseen (2258 Meter) nach Lanersbach. Grüblspitze – Ramsjoch – Torseen – Nasse-Tux-Alm – Lanersbach. Ab 10 Jahren. Insgesamt 5 Std.

Gipfelkreuz auf dem Grüblspitz.

Penken, 2095 m

Aussichtsreiche Wanderung mit Spielplätzen

Kindereignung: Ab 4 Jahren, mit Kraxeneinschüben ab 2 Jahren
Gehzeit: ↑ ½ + ↓ 1 = 1½ Std.
Höhenunterschied: ↑ 100 ↓ 350 m
Talort: Mayrhofen, 633 m
Auskünfte: Tourismusverein A-6290 Mayrhofen, Tel. +43/5285/6760, Fax 676033; E-Mail mayrhofen@zillertal.tirol.at
Landkarte: KOMPASS-WK Nr. 37 „Zillertaler Alpen-Tuxer Alpen" (1:50000)
Ausgangspunkt: Bergstation Gschössberg, 2000 m
Anfahrt: Ausfahrt Zillertal der Inntal-Autobahn – Mayrhofen – Talstation Penkenbahn. Bushaltestelle. Mit Gondelbahn und Sessellift auf den Gschössberg.

Bei dieser Wanderung kann man sich die Schwierigkeit aussuchen. Wer es ganz bequem haben möchte, benützt einen Fahrweg (zugleich Mountainbikerroute); nur im ersten Teil des Abstiegs bis zu einem Fahrweg ist der Weg etwas steinig und steil. Mittelschwer ist der Fußweg vom Gschössberg zum Penken. Wer es schließlich schwieriger schätzt, bergerfahren ist und seine Kinder sichern kann, überklettert mehrere Felstürme, von denen einer (Knorren, 2081 m) sogar kotiert und bezeichnet ist. Unsere Beschreibung entspricht der leichtesten Wegvariante für die Jüngsten.

Aufstieg

Von der Bergstation auf breitem Weg bequem und aussichtsreich zum Penkenjochhaus. Mit wenigen Schritten erreichbar der Penken (2095 m), höchster Punkt des gleichnamigen Höhenzuges.

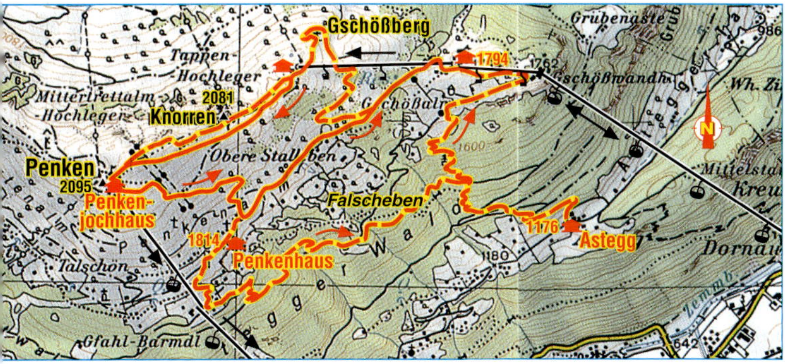

Abstieg

Der Abstieg vom Penkenjochhaus ist der einzige etwas steilere und rauere Wegteil dieser Wanderung. (Wer diese Wegstrecke vermeiden möchte, kann mit Sessellift und Gondel der Finkenberger-Alm-Bahn ins Tal schweben und mit dem Bus, Haltestelle bei der Talstation, nach Mayrhofen zurückkehren.) Man erreicht einen Fahrweg, hält sich links und kehrt mit ein wenig Gegenanstieg zur Penkenbahn (Bergstation der Gondelbahn, 1794 m) zurück. Mit der gelben Gondel ins Tal.

Varianten

● a) Penken-Rundwanderung ohne Benützung der Seilbahnen (z. B. im Spätherbst). Ab 10 Jahren. Bergstraße von Finkenberg zum Gasthaus Astegg (1176 m). Aufstieg zur Bergstation des Penkenlifts, dann zur Gschösswand und zum Penken. Rückkehr über Penkenhaus und „Almstüberl" zum Gasthaus Astegg. ↑ 3¼ + ↓ 1¾ = 5 Stunden.

Gipfel, 2445 m

Ein Gipfel, der schlichtweg „Gipfel“ heißt?

Kindereignung: Ab 10 Jahren
Gehzeit: ↑ 2½ + ↓ 1½ = 4 Std.
Höhenunterschied: 650 m (einschließlich Gegenanstiege)
Talort: Hippach, 608 m
Auskünfte: Tourismusverein A-6283 Hippach, Tel. +43/5282/3630, Fax 259310; E-Mail hippach@netway.at
Landkarte: KOMPASS-WK Nr. 37 „Zillertaler Alpen-Tuxer Alpen“ (1:50000)
Ausgangspunkt: Melchboden, 2000 m
Anfahrt: Ausfahrt Zillertal der Inntal-Autobahn – Zell am Ziller – Hippach – Mautstelle der Zillertaler Höhenstraße – Melchboden (Parkplatz, Kiosk, Startplatz für Gleitschirmflieger, Bushaltestelle).

Aufstieg

Auf steilem Weglein zum Arbiskopf (2133 m), gemütlich weiter zum Rauenkopf (2268 m). Kurz danach ein idealer Spielplatz, eine Hochfläche mit Seelein und Kletterfelsen.

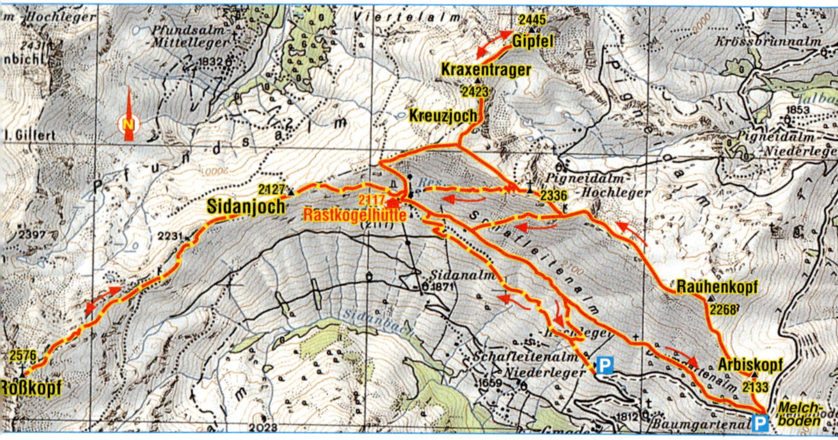

Ja, unser Ziel heißt tatsächlich „Gipfel“. Darüber hinaus gibt es hier Wanderungen für Kinder aller Altersstufen. Empfehlenswert wäre auch eine Nächtigung in der gemütlichen Rastkogelhütte. Dann rücken die hohen Gipfel in greifbare Nähe auch für jüngere Kinder.

Der unmittelbare Aufstieg zum Kreuzjoch (2336 m) führt über den felsigen Grat – für Kinder lustig, aber ausgesetzt. Kinder nach Bedarf sichern! (▸ S. 8). Die schwierigste Stelle (schwarz) kann man in der Südwestflanke umgehen. Kurzer Abstieg ins gleichnamige Joch. Nach rechts zum Kraxentrager (2423 m) und über die Gratverbindung zum Gipfel (2445 Meter).

Abstieg

Auf dem Anstiegswege zurück, dann aber über das Sidanjoch zur Rastkogelhütte (2117 m). Auf dem Fahrweg ab-, dann nach links auf neu angelegtem Steig zum Melchboden querend aufsteigen ($\frac{1}{2}$ Std.).

Varianten

a) Noch vor dem Kreuzjoch nach rechts zur Rastkogelhütte. Insgesamt 2$\frac{1}{2}$ Std. Ab 6 Jahren.

b) Nach der Überschreitung des Kreuzjochs zur Hütte. Insgesamt 3 Std. Ab 8 Jahren.

c) Rastkogelhütte, 2117 m. Vom Hüttonparkplatz (1800 m) auf dem Fußweg, Abstieg auf dem Fahrweg. ↑ 1 + ↓ $\frac{3}{4}$ = 1$\frac{3}{4}$ Std. Ab 4 Jahren, mit Kraxeneinschüben ab 2 Jahren.

d) Rosskopf, 2576 m. Über das Sidanjoch. Ab Hüttenparkplatz ↑ 2$\frac{1}{2}$ + ↓ 2 = 4$\frac{1}{2}$ Std. Ab 10 Jahren.

Anmerkung:

Rastkogelhütte, DAV, 2117 m. Bewirtschaftet Juni – September. 88 Schlafplätze. Tel. +43/5285/62145

Rastkogelhütte. Auffällig in den Wolken der Dristner.

Gedrechter, 2217 m

Unerwartet reizvolle Wanderung im Skigebiet

Kindereignung: Ab 8 Jahren
Gehzeit: ↑ 2 + ↓ 1¼ = 3¼ Std.
Höhenunterschied: ↑ ↓ 500 m
Talort: Ried im Zillertal, 573 m
Auskünfte: Tourismusverband A-6272 Ried im Zillertal, Tel. +43/5283/2307, Fax 23074;
E-Mail: tourist-info@zillertal-mitte.at
Landkarte: KOMPASS-WK Nr. 28 „Achensee-Rofan-Zillertal“ (1:50000)
Ausgangspunkt: Kaltenbacher Schihütte, 1723 m
Anfahrt: Ausfahrt Zillertal der Inntal-Autobahn – Ried – Zillertaler Höhenstraße (Mautstraße) – Kaltenbacher Schihütte. Parkmöglichkeit nach der Schihütte links und rechts neben der Straße.

Aufstieg

Vom Parkplatz zurück zur Schihütte und dem „Blumenweg“ folgen. Der Weg quert nun nach rechts in eine Einsattelung. Von hier Stichweg (Seilversicherungen) zu einem vorgeschobenen Kreuz (Arbiskopf, 1847 m). Kinder nach Bedarf sichern! (▸ S. 8). Zurück zum Sattel und weiter zu einem auffälligen Kopf. Im Herbst viele Heidelbeeren – Zeitverlust einplanen! Von dem Kopf durch eine Mulde zu einem Rücken und über diesen zum Gipfelkreuz.

Abstieg

Auf dem Anstiegswege (schöner) oder in einem weiten Bogen durch das Schigebiet (gemütlicher).

Bergwanderung im Liftgebiet? Wir waren angenehm überrascht und unsere Enkelkinder entzückt. Am Beginn ein gut gestalteter „Blumenweg", Höhepunkt ein Hügel mit Edelweiß neben einem winzigen Seelein; ein „Hauch von Klettersteig" auf dem Stichweg zum Arbiskopf; ein anregendes Weglein ohne Störung durch Seilbahnen oder Pisten; schöne und aussichtsreiche Rast- und Spielplätze rund um das hohe Gipfelkreuz. Kinder nach Bedarf sichern (▸ S. 8).

Varianten

a) ● Arbiskopf, 1847 m. Ab 4 Jahren. Ab Parkplatz hin und zurück 1 Std. Jüngere Kinder sichern (▸ S. 8).
b) ● Wetterkreuz (2417 m) und Wimbachkopf (2442 m). Übergang vom Gedrechter, Abstieg über Öfelerjoch durch das Liftgebiet. Insgesamt 4 Std. Ab 10 Jahren.

Kurzer Abstecher vom Weg zum Gedrechter: Arbiskopf mit Abblick ins Zillertal.

Ortsregister

I, J

K

L

M

N, O

P, Q

R

S

T, U

V, W

X, Y, Z

Die hier vorgestellten Touren wurden von den Autoren mit Kindern unterschiedlichen Alters begangen. Alle Angaben in diesem Führer wurden sorgfältig recherchiert und erfolgen nach bestem Wissen. Für die Richtigkeit der Angaben kann jedoch keine Haftung übernommen werden.

Bibliografische Information Der Deutschen Bibliothek
Die Deutsche Bibliothek verzeichnet diese Publikation in der Deutschen Nationalbibliografie; detaillierte bibliografische Daten sind im Internet über <http://dnb.ddb.de> abrufbar.

2003

Umschlaggestaltung: Tyrolia-Verlag, Innsbruck
Layout: Tyrolia-Verlag, Innsbruck
Alle Fotos stammen von Siegrun und Rudolf Weiss
Karten: © BEV – 2003, vervielfältigt mit Genehmigung des BEV – Bundesamt für Eich- und Vermessungswesen in Wien, Zl. EB 2003/00328
Routeneintragungen in den Karten: KOMPASS Verlag, Rum, nach Vorlagen von Siegrun Weiss
Lithographie: Laserpoint, Innsbruck
Druck und Bindung: Athesia-Tyrolia Druck, Innsbruck
ISBN 3-7022-2494-7